k-均值聚类

刘馨月 著

科学出版社
北 京

内 容 简 介

k-均值算法是数据聚类的核心算法，是唯一入选数据挖掘领域的十大算法的聚类算法。在实际系统中使用的聚类算法基本就是k-均值算法。本书是第一部专门讨论k-均值算法的著作，对k-均值算法的理论和方法、各类衍生算法、各种改进方法进行全面而系统的介绍。全书共4章：第1章讨论聚类问题和发展历史；第2章介绍k-均值算法基础以及k-均值算法和其他聚类算法的联系；第3章介绍k-均值算法的各类衍生算法；第4章介绍k-均值算法的改进方法。

本书可供数据科学与人工智能等领域的研究人员、工程技术人员、相关学科研究生和高年级本科生参考阅读。

图书在版编目(CIP)数据

k-均值聚类 / 刘馨月著. —北京：科学出版社，2020.5

ISBN 978-7-03-065051-1

Ⅰ. ①k… Ⅱ. ①刘… Ⅲ. ①人工智能－算法－研究 Ⅳ. ①TP18

中国版本图书馆CIP数据核字（2020）第078852号

责任编辑：杨慎欣 常友丽 / 责任校对：张小霞
责任印制：吴兆东 / 封面设计：无极书装

科学出版社 出版
北京东黄城根北街16号
邮政编码：100717
http://www.sciencep.com
北京厚诚则铭印刷科技有限公司印刷
科学出版社发行 各地新华书店经销
*
2020年5月第 一 版 开本：720×1000 1/16
2020年5月第一次印刷 印张：9
字数：181 000

定价：99.00元

（如有印装质量问题，我社负责调换）

前 言

人工智能是当今世界最热点的话题，机器学习是人工智能的核心技术。在机器学习领域，和神经网络（深度学习）、SVM 等明星算法相比，k-均值（k-means）算法更像一个低调而沉稳的大师，在本领域起着非常重要的作用，但在领域外又鲜为人知。

根据学习过程是否需要人的参与，机器学习可以分为监督学习和无监督学习。监督学习的核心任务是分类，它使用人工事先标注好的大量样本，将未知样本分配到不同类别。无监督学习的核心任务是聚类，它不需要人工标注信息，仅使用样本之间的相似性，自动将样本分成不同的类。当前的大多数人工智能任务以监督学习为主，无监督学习则更多地作为数据预处理的手段，在后台默默无闻地工作。

但是，随着大数据时代的到来，以及人们对人工智能本质的追求，无监督学习越来越被人们所重视。正如 2015 年深度学习的领军人物 LeCun、Bengio 和 Hinton 在 *Nature* 上的综述所说："人和动物的学习很大程度上是无监督的：我们通过观察发现世界的结构，而不是对每个物体命名。"同年，中国人工智能学会理事长李德毅院士在"新一代信息技术产业发展高峰论坛"上指出："人类的认知科学要想有所突破，首先就要在大数据聚类上取得突破，聚类是挖掘大数据资产价值的第一步。"

聚类是在无标记样本的条件下将数据分组，从而发现数据的天然结构。聚类在数据分析中扮演重要的角色，它通常被用于以下三个方面：①发现数据的潜在结构——深入洞察数据、产生假设、检测异常、确定主要特征；②对数据进行自然分组——确定不同组织之间的相似程度（系统关系）；③对数据进行压缩——将聚类原型作为组织和概括数据的方法。

聚类的研究历史可以追溯到统计学、社会学、生物学等很多早期工作，在计算机领域也有 60 多年的研究历史。60 多年以来，人们发现的聚类算法数以千计，但在实际系统中使用的算法基本就是 k-均值算法。k-均值算法是由 Steinhaus 于 1957 年、Lloyd 于 1957 年、Ball 和 Hall 于 1965 年、MacQueen 于 1967 年分别在各自不同的科学研究领域独立提出的。自被提出以来，这一算法在许多学科领域内得到了大量的研究和应用，具体的如数据压缩、数据分类、密度估计等诸多方面。聚类领域的 k-均值算法很像排序领域的快排序算法，简单而高效。2006 年，国际权威学术会议 ICDM 评选出了数据挖掘领域的十大经典算法，k-均值算法是唯一入选的聚类算法。k-均值算法过程非常简单，但简单的过程包括非常丰富的内涵。纵观计算机科学的整个历史，没有哪个算法被发表了 60 多年以后，仍然被人们不断研究和探索，k-均值算法则是唯一的例外。时至今日，在 ICML、NIPS 等机器学习的主流会议上，几乎每年都有 k-均值算法的研究，如种子选择、快速计算、分布式实现等。

尽管 k-均值算法如此重要，但尚没有一本书专门讨论 k-均值算法。它往往仅作为一个小节，在数据挖掘或机器学习著作聚类一章中出现。这些著作对 k-均值算法的论述是远远不够的，它们往往只列举 k-均值算法的最原始工作，没有包括后续大量的改进工作。这不利于 k-均值算法被人们认识和使用。本书是第一部专门讨论 k-均值算法的著作，对 k-均值算法的理论和方法、各类衍生算法、各种改进方法进行了全面而系统的介绍。本书工作得到国家自然科学基金项目（项目编号：61972065）资助。

限于水平，书中不当之处在所难免，望读者不吝批评指正。

刘馨月

2020 年 3 月于大连理工大学

目　　录

1

概　述

作为本书的第 1 章，本章是全书内容的概览，旨在让读者在接触 k-均值聚类方法的细节和附加部分前，对该方法有一个简要的了解，起到由浅入深、循序渐进的作用。本章首先对机器学习中聚类方法的概念进行介绍；接着对 k-均值算法做出一个总体性的描述，阐述其思想和适用问题；之后梳理它的发展历程，以时间顺序对该方法在拓展和优化等方面发生变化的重要节点进行梳理；最后从近几年各个领域的应用中选取具有代表性的点对 k-均值聚类方法丰富的应用领域加以展示。本章内容是对书中后几章内容的浓缩，其中的大部分内容都可以在之后章节中找到更为详细的解释。

1.1　聚类介绍

聚类是一种机器学习方法，属于无监督学习的范畴，其目标是找到数据的内在结构，从而将一堆数据划分到不同的组中。聚类分析就是对利用某种测量到的或者感知到的特征（或者相似性）将数据分组的算法的形式化研究[1]。聚类并不是一个良定义的问题，即没有统一的数学公式来表达聚类问题，但是关于聚类有一个比较常用并被广泛接受的定义：“聚类是把一个数据对象的集合划分成簇（子集），使簇内对象彼此相似，簇间对象不相似的过程。”显然该定义仍然是非形式化的，而且不够明确，采用何种方式度量相似性也未说明。这种定义或许对人类有所启发，但是计算机无法处理。

尽管聚类问题本身并不是良定义的问题，但是通过对其定义的具体化可以得到不同的算法。基于聚类的定义，研究者提出不同的聚类策略，基于策略的不同实现又构成了不同的算法。依据算法的原理，聚类算法大致可以分为以下几类[2]。

（1）基于层次的聚类（hierarchical clustering）：层次聚类算法有两种思路，分别是自下而上和自上而下，对应聚合层次聚类（agglomerative hierarchical clustering, AHC）算法和分裂层次聚类（divisive hierachical clustering, DHC）算法。聚合层次聚类先将每个数据视为单独的簇，然后按照某种距离度量选择距离最近的两个或者多个簇进行合并，重复合并的过程直到最后只剩下一个簇。分裂层次聚类则是聚合层次聚类的逆过程，先将所有的数据视为一个簇，然后通过某种准则在已有类中选择一个簇将其分割为两个簇，重复分割的过程达到聚类的目的。基于层次的代表性聚类算法使用代表对象的聚类（clustering using representatives, CURE）[3]、使用层次减少迭代的平衡聚类（balanced iterative reducing and clustering using hierarchies, BIRCH）[4]等，通常来说该类算法的时间复杂度较高。

（2）基于划分的聚类（partitioning clustering）：基于划分的算法按某种目标将数据集划分成若干个组，划分的结果是这种目标函数的最大化（或最小化）。这样的优化目标通常是 NP 难的，因此，采用某种贪心策略迭代求解。具体的做法是先为每个簇指定一个或若干个代表点，根据目标函数用这些代表点对这个数据集进行划分，在划分结果中重新选择代表点，重复上述过程直到收敛。贪心算法通常获得目标函数的局部最优解。基于划分的算法基本上都以点对间的聚类为标准，而距离和簇代表点的选择至关重要，这两个选择基本上定义了某种划分方法。基于划分的代表性聚类算法有 k-均值算法及其各种变种。

（3）基于密度的聚类（density-based clustering）：聚类的一种解释是将被低密度区域分割开来的高密度区域识别出来，基于密度的算法实现这种解释，每个数据点的密度通常解释为它的指定邻域内包含数据点的个数。一个基于密度的算法回答以下两个问题：①如何估计密度；②如何定义数据点之间的连接。

基于密度的算法最大优势是可以发现任意形状的簇，这对空间数据挖掘非常有价值。基于密度的算法的一大挑战是密度是连续空间的概念，它们在离散或非欧的数据空间中失去意义，因此，需要一种数据嵌入手段，这导致基于密度的算法通常难以处理高维数据。基于密度的代表性聚类算法有基于密度的噪声应用空间聚类（density-based spatial clustering of applications with noise, DBSCAN）[5]、排序点以识别聚类结构（ordering points to identify the clustering structure, OPTICS）[6]等。

（4）基于模型的聚类（model-based clustering）：在概率模型中，核心思想是将数据描述成一个概率生成过程。首先，假设数据生成的概率模型，然后用期望最大化方法估计模型的参数。由于模型的参数和分配对象到簇的概率是循环依赖的，通常采用迭代的方法解决这个循环依赖。期望最大化方法从一个随机或启发式的初始化开始，然后迭代执行以下两个步骤：①E-步骤：用当前的模型参数确定数据点分配到簇的期望概率；②M-步骤：用分配概率作为权重确定模型参数。对不同的数据，可以采用不同的概率模型。例如，对数值数据，通常使用混合高斯模型；对属性数据，使用伯努利模型；等等。基于模型的代表性聚类算法有隐马尔可夫模型（hidden Markov models，HMM）[7]等。

除了可以从原理角度对算法进行分类，还可以从其他角度对聚类算法进行归类。通过对数据点所属类别的特性进行分析，可以将聚类算法分为互斥（exclusive）聚类、重叠（overlapping）聚类[8]和模糊（fuzzy）聚类[9]。常见的聚类算法大都是互斥聚类，即每个数据点属于且仅属于某一个簇，互斥聚类有时也被称为硬聚类。显然有些时候这个条件过于严苛，通过对这个条件的松弛，还可以引出重叠聚类和模糊聚类。重叠聚类指每个数据点可以划分到一个或者多个簇中，比如一个人可以在社会中扮演多个角色。而模糊聚类则是为每个数据点产生一个概率向量，用以表示该数据属于每个簇的概率的大小，模糊聚类也被称为软聚类。

根据是否需要将所有的数据指派簇，可以将聚类算法分为完全（complete）

聚类和部分（partial）聚类[10]，前者需要为每个数据点指派所属的簇，而后者只需要为部分数据指派簇。该想法的产生来自于一些数据并不属于某一个簇中，而有可能是噪声等。例如基于密度的聚类算法 DBSCAN 就是一种不完全聚类，该算法会将低密度区域中的数据视为噪声数据而忽略。

1.2 方法描述

1.2.1 方法思想

聚类分析包含多种类型的方法，k-均值算法属于基于划分的方法。基于划分的方法的基本思想是对于一个包含了 n 个样本的原始数据集，采用某种方法将其划为 k 个划分（$k<n$），其中的每个划分均表示一个类簇。在构建划分的过程中，需要注意以下两点：①每个类簇中至少需要包含一个样本；②每个样本都必须要有其所属的类簇，且这一所属有唯一性。在划分的过程中，首先需要创建一个初始的划分，这一划分可以是随机构建的。之后，通过迭代的方式反复将样本重新分配到其更合适的划分当中，从而改善划分的整体质量，直至满足划分精度的要求。简单来说，基于划分的方法就是用迭代将数据集分为几个部分然后验证这几个部分的划分是否合理的一个过程。k-均值算法的思想继承了基于划分的方法思想的简单性。在如何产生一个划分方面，k-均值算法设定了每个划分的中心点，从而会形成以中心为分类依据的球形类簇；在验证所产生的划分是否合理方面，k-均值算法以划分的类内紧致性作为标准，具体来说，是以点与点之间的距离作为度量准则。这种划分标准以及度量标准保证了算法可以很快达到收敛，这是 k-均值算法相比于其他方法的一个重大的优势。

总的来说，k-均值算法就是一种通过选定类别中心点作为划分依据，以数据点到类别中心点之间的距离大小作为分类的判断标准，以最大化划分的类内紧致程度作为目标，不断迭代更新直至类别指派不再发生变化的聚类方法。

1.2.2 方法流程

k-均值算法采用了贪心算法的思想，以迭代的方式对聚类结果进行更新，最终获得最小化的目标函数值，也就是最小化类内样本的误差和。算法 1.1 给出了 k-均值算法的具体步骤。

算法 1.1　k-均值算法

```
输入：所有数据点 A，聚类个数 k
输出：k 个聚类中心点
随机选取 k 个初始的中心点
repeat
    计算每个点与各中心点之间的距离，将点分配到其距离最近的中心点所属的类别中
    计算每个类别包含的所有数据点的均值，更新类别的中心点
until 中心点不发生变化
```

为了更加直观地展示 k-均值算法的工作流程，下面以图形的方式举例说明它是如何进行工作的。如图 1.1 所示，数据集中一共包含三个类型的数据点，设定初始的聚类个数 k 的值为 3。首先随机选取 3 个初始的中心点，即图中用圆圈圈出的数据点。接下来，对于每个数据点，计算它和 3 个中心点间的距离并选择距离较小的那个中心点加入其表示的类别。在所有数据点都完成分配，即 3 个类别构建完成后，计算每个类别中所有数据点的均值，以此作为新的类别中心点，之后再次计算数据点与中心点之间的距离来进行数据的重分配，就形成了一次迭代后的数据分布。重复进行分配和中心点更新这两个步骤，直至没有数据点的类别归属发生变化，算法终止。在图 1.1 中，数据点由初始的类别分布（左上角），依照箭头指示的步骤逐步迭代更新类别信息，最终划分到正确的类别当中（左下角）。从图中可以看出，所选取的初始中心点不一定是原数据集中的某个点，但在迭代的过程中，中心点可以是虚拟的数据点，这也是 k-均值算法的特点之一。

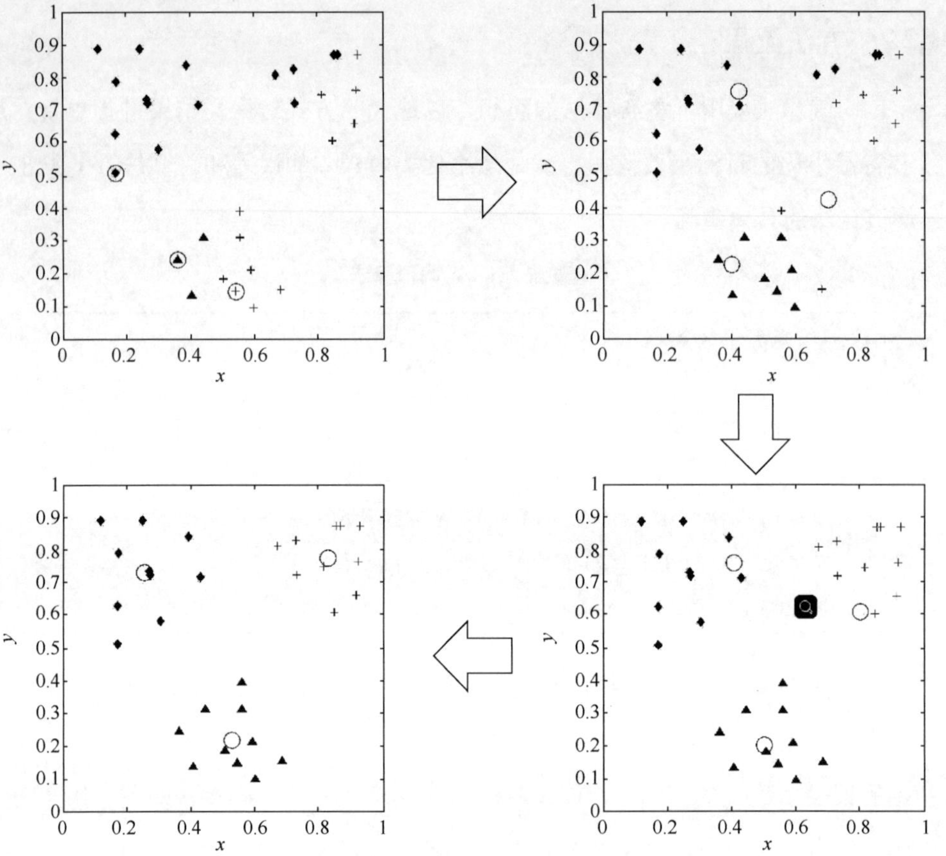

图 1.1 k-均值算法执行过程

1.3 发展历程

由于 k-均值聚类方法具有基础算法简单、可拓展性好等诸多优点，以至于与其相关的研究数不胜数，因此，如果追求其发展历程的每一个细节将是一件十分浩大而繁杂的工作。这里，将按照时间顺序列举出与 k-均值聚类方法有着密切相关性的变种方法与改进方法，从而梳理出一个大致的脉络，由此可以看出 k-均值是怎样从一个简单的算法一步一步地拓展到今天这么一个庞大的方法集合的。

最早提出 k-均值算法思想的文章是 1957 年 Steinhaus 的论文[11]，但是在论文中他并未对这种方法进行命名。而最初使用 k-均值这一术语的人是 MacQueen，他在 1967 年的论文中将这种迭代式的数据分析方法命名为 k-均值算法[12]。在这篇文章中，MacQueen 给出了 k-均值算法最初的定义：

（1）从数据集中选取 k 个数据点作为初始中心点并以此进行初始类别划分；

（2）对于每个数据点，计算它与每个中心点之间的距离，并将其分配给距离最近的中心点；

（3）重新计算中心点，采用分配给这一中心的所有数据点的平均值作为新的中心点；

（4）重复步骤（2）和（3）直至最终收敛。

在这篇文章中，MacQueen 还提出了一些关于 k-均值算法初始化问题的解决方案。首先，他设计了一种用于估计恰当的 k 的取值的方法，通过定义粗粒度参数与细粒度参数来约束两个点之间的距离，从而判定簇的合并与分裂并最终确定 k 的取值。随后，他对方法最初状态下的 k 个初始中心点的选定进行了研究，提出了两种设置初始中心点的方法：选取数据集中的前 k 个数据点或从数据集中随机选取 k 个数据点。虽然这两种方法都存在很大的问题，可能会对最终的聚类结果造成不良的影响。但是作为 k-均值算法早期研究的成果，其给后续研究带来的启迪作用是不可忽视的。

1969 年，一种 k-均值算法的近似方法被提出。该方法将 k-均值算法中作为类别代表的均值替换为中值，从而得到了 k-median 算法[13]。它与 k-均值算法的另一个不同点在于测度方法的选择，k-均值采用的是欧几里得距离（L_2 范数），而 k-median 算法采用的是曼哈顿距离（L_1 范数）。经过这样的变化之后，k-median 算法的鲁棒性要比 k-均值算法好一些。

1973 年，另一种近似方法的出现打破了 k-均值算法只能处理硬聚类问题的局限性，这种方法称为模糊 k-均值（fuzzy k-means）算法[14]。标准的 k-均值算法在类别指派过程中，一个数据点只能属于某一特定类别，而模糊 k-均值算法则放松了这一要求，它可以计算出每个数据点分别属于每个类别的概率，这样就拓展了 k-均值算法处理问题的范围。由于两者的不同点仅仅在于目标函数中是否含有权重参数，而模糊 k-均值算法的框架与标准的 k-均值算法相同，因此它也存在着对初始中心点敏感的问题。1975 年，Gower[15]采用图像方法来辅助对 k 值的确定。此方法采用的图像是 k 值-误差平方和（sum of the squares of errors, SSE）折线图，通过观察图像中折线最为明显的拐点来判定最适宜的 k 值。虽然这种方法可以很直观地找出对应的点，但是它的主观性太强，在图像中不存在明显拐点时同样难以得到准确的 k 值。尽管在后续研究中仍有少数人使用采用图像来确定 k 值的方法，但是这种性能不稳定的方法已经逐渐退出了舞台。1979 年，Hartigan 等[16]对标准 k-均值算法的思想进行了一个微小的改变。这一变化发生在对类别中心点更新这一步骤上，标准的 k-均值算法是在完成所有点的类别指派后才依次对每个类别的中心点进行更新计算，而 Hartigan 方法则是在完成了一个数据点的类别指派后立即进行该类别中心点的更新。这种更新的方式可以有效地缩小算法得到的最优值集合大小，从而使算法得到全局最优值的可能性大大增加，其有效性已被 Telgarsky 等[17]证明。在同一篇文章中，Hartigan 等[16]也提出了一种初始化聚类中心的方法：首先计算全部数据点的中心点，然后根据数据点到这一中心的距离，由近至远地进行均匀采样，将得到的数据点作为初始的类别中心点。这种初始化的方法使得在某些情况下进行初次聚类后会得到一个空类。

1982 年，Lloyd[18]在之前研究的基础上提出了 k-均值算法最为基础，也是至今为止应用最为广泛的启发式求解算法。虽然 k-均值算法的思想十分简单，但是实际上它可以被表述为一个难以求解的最优化问题。最优化问题往往存在一个目标函数，在 k-均值算法中采用的是各个数据点与其对应的类别中心点之间距离的平方和来作为度量聚类质量的目标函数的，这一目标函数称为 SSE。解决这一聚类问题的目标在于找到一个能最小化 SSE 的聚类结果，这个聚类结果即为最优的聚类结果。已被证明的是，这样的一个最优化问题是一个 NP 难问题[19]，是无法找到一个多项式算法对其求解的。因此，Lloyd 采用了一种启发式的算法，在分配与更新两个过程之间不断迭代，直至没有数据点的类别指派发生改变时算法终止，数据点的类别划分收敛到最优聚类结果。1984 年，Selim 等[20]对 k-均值算法的性质进行了系统的理论分析与论证。第一，文章将算法定义下的目标函数转换为一个等价函数并证明了它是非凸的。第二，文中给出了 k-均值算法思想的另一种表述，即将原始的聚类问题分解为两个子问题：一个是固定类别中心点求数据点的最优类别，另一个是固定数据点的类别分配求类别中心点。这样的一种表述与 1977 年被提出的期望最大化（expectation-maximization, EM）算法[21]的思路基本一致，而两者的关系也在之后被发掘。第三，文章论证了当使用闵可夫斯基距离（Minkowski distance）作为度量方法时，k-均值算法可能无法收敛到局部最小值，而使用二次距离（quadratic distance）时，则可以收敛到局部最小。Lloyd 算法的提出和对 k-均值算法性质的理论分析使得 k-均值算法受到的关注逐步提升，人们开始将这种简单易用的方法投入到实际应用当中，这为其后续的发展奠定了坚实的基础。

1985 年，Hochbaum 等[22]提出了一种名为最远优先（farthest-first）的初始化方法，其思想在于将选择的中心点尽量分散，这样就符合不同类别的数据点相距较远的实际情况。但是这种方法有一个致命的缺陷就是在数据集中存在离群点的情况下它会有较大的概率选择离群点作为初始类别中心点，而这样产生的聚类结果一定不会是最优的聚类结果。1987 年，对于离群点问题有着更好处理效果的 k-medoids 算法[23]诞生。这一方法的大部分内容都与 k-均值算法相同，两者的不同之处在于，k-medoids 算法只选取真实的数据点作为类别中心点，而 k-均值算法的中心点是通过计算数据点平均值得来的，很大可能是不属于数据集中的虚拟点。采用真实数据点可以在一定程度上避免离群点对整个聚类结果造成的偏移影响，因为通过计算均值得到的虚拟中心点会处于正常的数据点和离群点之间，而真实的数据点距离离群点是相对较远的，这样可以弱化其离群影响。

1970～1990 年，关于 k-均值算法的研究是在逐步增加的，但是如果仅从论文数量上来看的话，这种增长的趋势是不明显的。这很大程度上是受制于当时的技术限制，在 20 世纪 90 年代之前，个人电脑还没有得到普及，因此不仅是从学者的论文创作角度还是从审稿人的审查角度来说，其周期都是十分漫长的。而到了 90 年代，随着个人电脑进入了人们的生活，写作效率和审查效率都随之大大提升了。同时，电脑的普及也降低了学术研究对于条件的要求，这让更多的人接触并投入到了 k-均值算法的研究之中。因此，从这个时间节点开始，相关的研究以及论文数量都大大增加了。

1994 年，Inaba 等[24]提出了一项与 k-均值算法复杂度分析相关的研究。对于一个含有 n 个数据点的数据集的聚类问题，采用 k-均值算法所需的迭代次数是可以由其可能的划分数来简单约束的。类别个数为 k，则可能的划分有 k^n 种。他们的研究将这个上界降到了 n^{kd} 这一数量级上，其中 d 为数据维度。同年，一些对标准 k-均值算法的改进算法也被提出。针对 k-均值算法鲁棒性差，导致易受到初始中心点设定和离群点分布的影响这一问题，García-Escudero 等[25]提出了修剪 k-均值（trimmed k-means, TKM）算法，通过添加一定的判断项来对算法过程加以约束，从而降低干扰因素对聚类结果所造成的影响。Ng 等[26]的研究针对的则是算法对大批量数据的处理问题，他们使用模拟退火算法将聚类引导到数据的一个很小的子集当中，通过先选择适当的子集来实施 k-均值算法，再将聚类结果外推到完整的数据集中的方式，可以快速而有效地利用 k-均值算法处理大批量数据的聚类问题。

1997 年，Chaudhuri 等[27]提出了 k-均值算法的非凸版本。标准的 k-均值算法对每一个类别挑选出一个类别中心作为代表，但是这种方法对数据分布为非凸或者长条状的类别很不友好，一个中心点无法完善地表示这样的类别。因此，Chaudhuri 等放宽了对中心个数的限制，允许在一个类别中包含多个类别中心，从而可以更好地表示分布形状较为特殊的类。除了对标准算法的改进之外，论文中还提及了几种初始中心点的选取方法。

1998 年，两个近似方法的提出拓宽了 k-均值算法可处理的聚类问题的范畴。在之前的研究中，k-均值算法只用于数值类数据的聚类分析，而对于非数值类数据则束手无策，直到 k-modes 算法的出现。传统的处理非数值类数据的方法通常是将其进行特征映射，转换到另一个空间成为数值类数据后再利用数值型聚类方法处理。但是这种方法并不能得到令人满意的实际效果。于是，Huang[28]提出了使用 L_0 范数度量非数值型数据点之间差异性的算法，极大地提升了聚类效果，这便是 k-modes 算法。另一种近似方法采用了核函数对标准 k-均值算法进行改造，使得对于数据点的分布形状较为复杂的线性不可分的数据，也可以应用 k-均值算法进行聚类分析，这就是核 k-均值（kernel k-means）算法[29]。这种方法的思想是将在原始空间中线性不可分的数据映射到一个高维的数据空间中使之变得线性可分，再应用 k-均值算法完成聚类。而核函数的作用就在于，它可以将复杂的高维数据空间之中的计算巧妙地转化为一个低维空间中的运算，这样就大大地降低了算法的计算复杂度，使得任何情况下的映射都变得可能。Bradley 等[30]也提出了一种新的初始化方法。这种方法是对之前 MacQueen 方法的拓展。他们采用先划分子集并在子集上应用 MacQueen 的初始化方法后，再将得到的这些中心点构成一个超集并对这个集合进行聚类的方式，最终选取产生最小 SSE 的中心点集合作为初始中心点集。

1999 年，研究者对标准 k-均值算法的运行速度已经不再满意，他们开始寻求各种方法以提高 Lloyd 提出的 k-均值算法的运行速度。最初流行起来的研究方向是在不改变算法运行逻辑的基础上，通过引入高效的数据结构来提高算法在计算方面的速度。那么，需要找到一个可以方便地提取最近邻距离的存储结构，k-d 树是一个好的选择。Moore[31]使用多分辨率 k-d 树构建用于混合模型聚类的快速期望最大化算法。随后，Pelleg 等[32]及 Kanungo 等[33]分别独立地提出了将数据点存储在多维 k-d 树结构中的方法来实现 k-均值算法加速。Pelleg 等[32]在论文中用实验说明了通过 k-d 树结构加速的 k-均值算法要比标准算法快 25～175 倍。

2000 年，Moore 继续研究采用树结构存储距离的这种加速算法。在其之前的实验中，已经发觉采用 k-d 树存储进行加速的 k-均值算法只在较低维度（$d \leqslant 5$）展现出了比较好的加速效果。但是一旦超过这一限度，k-d 树将迅速变得笨拙，而且维护树结构的代价十分昂贵。对于 $d > 8$ 的情况，更新树的成本超过了树结构所带来的优化效果。因此，在新的研究中 Moore 使用了度量树（metric tree）替代 k-d 树结构，提高了确定与数据点距离最近的类别中心的效率，这种方法被称作转折点层次结构（the anchors hierarchy）算法[34]。同年，Pelleg 等还提出了另一种 k-均值改进算法，其效果达到了当时的最佳水平，这一算法称为 X-means 算法[35]。这个算法的出众之处在于它从多个角度对 k-均值算法进行了优化。在算法的初始化阶段，文献作者采用贝叶斯信息准则（Bayesian information criterion, BIC）[36]来帮助进行较好的初始 k 值选取。在算法运行阶段，文献作者采用了层次聚类的思想给算法提供加速效果。最后，在聚类结果的选择上，文献作者增加了检验条件从而改善了 k-均值算法收敛到局部最优的情况。基于文献作者之前对采用 k-d 树进行加速的研究，X-means 算法同样存在着使用 k-d 树结构进行存储的加速版本。

自 2000 年起，技术的变革使得学术研究进入了一个崭新的阶段，互联网这一划时代应用的发展与普及使得人与人之间的沟通变得更加便捷。对学术研究来说，互联网使得资料查阅和学术交流的障碍大大降低，从而加速了学者的文章创作过程，因此论文的投稿量飞速上升，好的研究成果也层出不穷。同时，机器学习方法所受到的关注从 20 世纪 90 年代起就逐渐增加，到了 2000 年后，机器学习已经逐步成为人工智能领域的主要研究方向。作为一种常用的数据分析和预处理方法，k-均值算法自然而然地受到了更多的关注。此时，针对方法基本内容的研究已经较为全面，研究者更多地倾向于针对它的优化和改进的探索。

2001 年，Makarenkov 等[37]提出了一种利用公式计算初始 k 值的方法，他们使用了 Caliński-Harabasz 指标[38]作为选择标准。在统计学领域，也有着对 k 值选取的有效方法。Tibshirani 等[39]提出了差异统计量（gap statistical）的概念来辅助确定 k 值，这种方法需要用户提供 b 个取值范围与原始数据集相同的数据集作为输入，通过调整不同的 k 的取值计算出在不同 k 值下的簇内平方和。在这一年，另一项有成效的研究是关于约束的。在聚类过程中添加适当的约束有助于聚类质量的提升，因此，Wagstaff 等[40]将关于数据点的必联约束和勿联约束集成到一个标准的 k-均值算法中，有效地提升了算法的性能。

2002 年，Kanungo 等[41]提出了一种使用过滤算法（filtering algorithm）对树结构加速算法进行优化的新技术。此项技术通过在树中构建数据集索引来提高搜索效率，从而达到加速的效果。对于算法加速的另一项考虑是降低对算法准确性的要求，不要求最终结果和标准 k-均值算法得到的结果完全相同，只要得到大致相同的近似解就可以。这样就可以大大缩减算法的收敛速度，非常适合处理一些对精度要求不是很高的问题。此外，Kanungo 等[42]还提出了一种基于交换中心点的改进启发式方法，通过规则设置中心点的进出，最终可以得到一个算法的近似解。

2003 年，一项取代基于 k-d 树结构的加速的新算法的诞生给今后的 k-均值算法加速优化研究提供了新的思路。基于 k-d 树的诸多方法虽然能在一定的维度范围内提供较为良好的算法加速效果，但是由于其需要维护一个复杂的树结构，因此不利于研究的进一步发展。Elkan[43]首先提出了利用三角不等式对 k-均值算法进行显著加速的方法，其思想在于通过避免不必要的距离计算来降低运行时间。算法维护了两种边界值，分别是数据点与其当前所属簇的中心点之间距离的上界和数据点与其余簇的中心点之间距离的下界。两种边界值的约束减少了需要进行运算的次数，从而起到加速的效果。这个方法巧妙地利用了三角不等式的原理，对算法本身进行了修改，这样就不需要进行额外的维护，不占用多余资源。更为可贵的一点是，这是一种准确的加速算法，它可以保证得到与标准 k-均值算法一样的聚类结果，没有精度的损失。除了对 k-均值算法加速方面的贡献外，Elkan 还和 Hamerly 一同设计了高斯均值（Gaussian-means，G-means）算法[44]，采用是否满足高斯分布作为判断标准对类别进行拆分，从而选取出合适的 k 值。

2005 年，一种新的提升 k-均值算法聚类质量的启发式算法被提出，它可以作为 Lloyd 算法的有效替代，这便是核心集（core-sets）算法[45]。该算法是从完整的数据集中提取出小的子集，并对该子集进行聚类分析，从而给出对完整数据集的近似。这一算法的理论证明由 Har-Peled 等[46]给出，他们在同年证明了 k-均值问题存在适当的核心集。另一项研究成果是由 Har-Peled 等[47]提出的，他们证明了 k-均值算法的复杂度在最坏情况下的表现为$\Omega(n)$。2006 年，这一复杂度下界被更新，Arthur 等[48]计算出一个超多项式的下界 $2^{\Omega(\sqrt{n})}$，而最新的研究进展已经将这一下界提升到 $2^{\Omega(n)}$ [49]。

2007 年，Arthur 和 Vassilvitskii 这两位研究者发表了另一项研究成果，这项成果对 k-均值算法发展有着巨大贡献，基本上解决了初始中心点的选择困难问题，这种初始化方法被称为 k-means++[50]。该方法是一种从数据集中选择统计学良好的初始中心点的随机方法，采用了 D^l 采样的思想。同年还有两种确定性的初始化方法被提出：第一种是 PCA-Part 方法[51]，它使用了基于主成分分析（principal component analysis, PCA）的分裂层次方法[52]对数据集进行划分，并将最终得到的 k 个簇的质心作为初始中心点；第二种方法是 PCA-Part 的近似，称作 Var-Part 方法[51]，其假定要分割的簇的协方差矩阵为对角矩阵，这给类别的划分提供了便利。

2006 年，k-均值算法被评选为数据挖掘领域的十大算法之一[53]，足见其历史地位。2009 年，平滑分析被引入 k-均值算法的复杂度分析中。尽管 k-均值算法在最坏情况下的时间复杂度是指数级别的，但是在实践中所得到的运行时间往往小于这一界限。平滑分析方法可以缩小实际性能与理论分析之间存在的差距。Arthur 等[54]首先进行了研究，给出了 k-均值算法的平滑运行时间的多项式界限 $\left(n^k,\sigma^{-1}\right)$。随后 Manthey 等[55]将 n^k 改进为 $\min\left\{n^{\sqrt{k}},k^{kd}\cdot n\right\}$。在两年后，也就是 2011 年，Arthur 等[56]的研究进一步将这个界限提升到了 $\left(n,\sigma^{-1}\right)$，并在实验中验证了这一分析与实际性能表现是相匹配的。

2010 年，Hamerly[57]采用数据点与其次接近的中心点之间的下界代替其与每个中心点之间的下界，减少了需要维护的下界数量，从而简化了 Elkan 的算法。另一种加速优化算法是 Sculley[58]提出的小批量（mini-batch）k-均值算法，它先利用部分数据点完成类别分配，再将结果推广到整个数据集。由于推广的过程并不能保证所有数据点的分配都是精确的，因此这是一种近似加速算法。

2012 年，Bahmani 等对 k-means++算法进行改进，提出了一种在保证其初始化质量的情况下高度可扩展的变种算法，称为 k-means||[59]。该方法通过对每轮循环中的中心点进行过采样实现了并行化的效果，不过也因此增加了算法的计算复杂度。Drake 等[60]注意到之前提出的两种加速优化算法——Elkan 的算法和 Hamerly 的算法，一个在高维数据下表现良好，另一个在低维数据下性能更加优异。因此，他们提出了一种自适应距离边界的加速算法将前两种方法融合到一起。该算法维护一组可变数量的边界，在性能和维度适应之间达到了一个很好的平衡。

2013 年，Celebi 等[61]对诸多中心点初始化方法进行了一个整体性的总结分析。

通过设置各种性能标准，比较了八种常用的线性时间复杂度初始化中心点方法，并对从业者提出了使用建议。在加速优化方面，Drake[62]提出了一种 Hamerly 算法的变体，称为环形 k-均值（annulus k-means）算法。该算法通过不等式定义了一个环形区域，通过判定有效地修剪了算法最内层循环的搜索空间，进一步提升了低维度情况下的性能。Drake 同时在文中对几种表现良好的加速算法做出对比，评价了各自的优点和不足，为不同问题的算法选择提供了参考。

2015 年和 2016 年，对 k-均值算法加速优化的研究趋于顶峰。Ding 等[63]将中国古代哲学的思想融入了算法研究中，提出了阴阳 k-均值（yinyang k-means）算法。该算法同样采用上界和下界对距离计算进行约束，其不同点在于对边界的维护上。算法采用了两个过滤器来剔除不必要的距离计算，通过分组的方式提升了过滤效率。Wang 等[64]提出了一种采用多元随机空间分区树将数据点预组装成相邻点集，并以此构建簇闭包的方式来识别这些活动点，从而得到原有算法的一个近似解。Bottesch 等[65]提出了一种基于 Holder 不等式和块向量的方法来得到所需计算的欧几里得距离的一个近似值并以此作为下界的加速方法。该方法将数据点从维度层面进行分块，结合 Holder 不等式的分析加速距离计算过程。Newling 等[66]在环形 k-均值算法的基础上，提出了 Exponion 算法。该算法的着眼点与环形算法相同，不过这一算法所定义的区域可以看作一个球形区域。Exponion 算法表现出的效果是目前为止所有低维环境下的准确加速 k-均值算法中最好的。Newling 等[67]提出了一种改进的小批量算法，称为嵌套的（nested）小批量 k-均值算法，通过基于三角不等式的方法建立边界，然后在第 $t+1$ 次迭代的过程中使用第 t 次迭代得到的结果，极大地提升了小批量 k-均值算法的运行速度。除了对标准 k-均值算法的加速外，Bachem 等[68]提出了对 k-means++算法的加速改进，称为 K-MC^2。该方法使用马尔可夫链蒙特卡罗（Markov chain Monte Carlo, MCMC）方法来近似 k-means++，在数据满足自然假设的条件下可以将 k-means++算法的复杂度降低到次线性时间。Bachem 等后续又提出了 AFK-MC^2 算法[69]，解决了之前方法需要对数据集做出假设的不足。

1.4 应用领域

相比于其他聚类算法，k-均值算法具有一些显著的优越性：首先，算法思想简单，容易理解和实现；其次，算法时间复杂度接近线性，适合挖掘大规模数据集；最后，算法具有相对较强的拓展性。诸多优点促使k-均值算法在众多的科学研究、工程和其他技术学科中都有广泛的应用。

在图像处理方面，k-均值算法将图像的像素聚类成片区，从而便于进行边界检测和对象识别。图像分割是图像识别和计算机视觉预处理中的重要环节，它是把图像分成若干个特定的、具有独特性质的区域并提取出感兴趣目标的技术和过程。彩色图像中每个像素是三维空间中的一个点，基于k-均值算法的图像分割是以像素为数据点，按照指定的簇个数进行聚类，然后将每个像素点以其对应的聚类中心替代，重构该图像。由于聚类簇个数的不同，重构出的图像将会呈现出不同的颜色特征[70]。图1.2展示了一种基于k-均值算法的图像分割结果。

图1.2　基于k-均值算法的图像分割[71]

此外，医学图像的三维重建也是图像处理领域的重要方面。在重建的过程中，影响重建效果的因素包括图像质量和图像分割技术。传统的分割方法在分割时精确度较低，导致重建出的图像可用性不高，模糊 k-均值算法则能够有效提高分割的精确度[71]。如果采用 Gibou 等[72]提出的混合方法，还可以有效加快分割算法的运行速度。

颜色量化是图形和图像处理中许多应用的重要操作。它是利用人眼对颜色的惰性，将原图像中不太重要的相似的颜色合并为一种颜色，从而减少图像中的颜色。其目标是使量化后的图像对于人眼的认识误差最小，即量化误差最小。大多数的量化方法是基于数据聚类算法，这些方法存在一个普遍的问题就是颜色量化对方法初始化的敏感性很高。因此，采用变体初始化的 k-均值算法，在颜色量化方面取得了极好的效果[73-74]。图 1.3 展示了使用 k-均值算法进行颜色量化的效果。

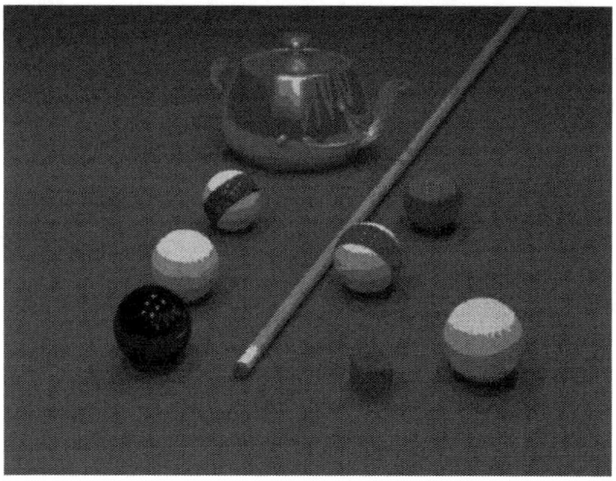

图 1.3　基于 k-均值算法的颜色量化[74]

在生物科学研究领域，k-均值算法也有着广泛的应用。蛋白质相互作用网络（protein-protein interaction network, PPI network）在许多生物过程和疾病防治的研究中发挥重要的作用，从蛋白质相互作用网络中发现蛋白质复合物这一过程中就应用了 k-均值算法。具体的流程是：首先对网络中各个蛋白质节点进行特征提取，之后利用 k-均值算法对所提取的特征进行聚类，最终形成的各个蛋白质簇可能就是未发现的、具有一定意义的蛋白质复合物[75-76]。

此外，基因功能的预测也是生物科学研究领域中一个重要的研究方向。加权基因共表达网络分析（weighted gene co-expression network analysis, WGCNA）是一种从高通量数据中挖掘模块信息的算法。在该方法中，模块被定义为一组具有类似表达谱的基因。如果某些基因在一个生理过程或不同组织中总是具有相类似的表达变化，那么我们有理由认为这些基因在功能上是相关的，可以把它们定义为一个模块。k-均值算法可以作为标准加权基因共表达网络构建中的附加计算，这样可以促使网络更好分区，使基因模块更具生物意义[77]。

在临床医学领域，k-均值算法除了能够应用在医学图像的处理上，还在其他方面发挥着作用。临床医疗领域有着海量的数据可供分析，因此需要强大的数据处理工具来提取、分析有用的信息。在疾病的诊断方面，通过 k-均值算法学习疾病发展过程中的数据状态变化，可以有效帮助医护人员诊断疾病。例如在心脏病的诊断过程中，利用 k-均值算法和贝叶斯方法[78]，在肝功能诊断过程中，利用人工蜂群和 k-均值算法的高效聚合算法[79]，都有效提高了诊断精度。在疾病的治疗过程中，通过建立并行化 k-均值算法聚类模型来探究中医治疗高血压用药规律，从而挖掘出中医辨证治疗高血压的 8 组用药组合，之后可以结合中医理论分析以验证结论真实性[80]。k-均值算法在疾病预测方面也发挥了作用，例如通过线性微分方程模型和 k-均值算法初步探索性研究乳腺癌转移相关基因表达调控通路和预测其生物学意义[81]。

在物理研究领域，k-均值算法同样提供了很多的帮助。在无线通信方面，随着近年来无线业务飞速增长，人们对基于位置服务的需求尤其是对复杂动态的室内用户位置定位服务要求更加复杂和严格，室内位置指纹定位法能够很好地满足用户需求。将 k-均值算法应用于无线局域网络中室内位置指纹数据库的建立，能够有效提高无线局域网室内定位的精度[82]。在激光工程中，吴超等[83]提出了一种使用 k-均值的平面标靶定位方法，在实际应用时可以获得较高的定位准确性。该方法首先基于扫描点反射强度值和 k-均值算法进行区域分类，接着提取中心坐标，最后对中心坐标进行计算得到坐标位置。此外，使用 k-均值算法针对遥感图像分类，也能够高效地对图像进行处理[84]。

在其他的研究领域，k-均值算法也有突出的贡献，比较常见的是在数据挖掘领域的应用。在推荐系统中，可以使用 k-均值算法来帮助用户找到他们喜欢的项目。相比于传统的基于环境感知的推荐算法，基于 k-均值的方法可以首先对历史环境信息聚类，之后再与用户环境信息进行匹配以完成推荐，从而有效提高推荐系统的精确性[85]。在处理连续强化学习问题中，Chen 等[86]提出一种基于节点生长的 k-均值算法的划分方法，分别给出了在离散动作和连续动作两种情况下的强化学习。另外，k-均值算法在数据挖掘其他方面的研究中也提供了便利，例如离群知识发现中数据流离群点的挖掘[87]等。

参考文献

[1] Jain A K. Data clustering: 50 years beyond k-means[J]. Pattern Recognition Letters, 2010, 31(8): 651-666.

[2] 张宪超. 数据聚类[M]. 北京：科学出版社, 2017: 3-4.

[3] Guha S, Rastogi R, Shim K. CURE: an efficient clustering algorithm for large databases[J]. ACM Sigmod Record, 1998, 27(2): 73-84.

[4] Zhang T, Ramakrishnan R, Livny M. BIRCH: an efficient data clustering method for very large databases[J]. ACM Sigmod Record, 1996, 25(2): 103-114.

[5] Ester M, Kriegel H P, Sander J, et al. A density-based algorithm for discovering clusters in large spatial databases with noise[C]//ACM SIGKDD International Conference on Knowledge Discovery and Data Mining(KDD), Portland, Oregon, USA, 1996: 226-231.

[6] Ankerst M, Breunig M M, Kriegel H P, et al. OPTICS: ordering points to identify the clustering structure[C]//ACM SIGMOD International Conference on Management of Data(SIGMOD), Philadelphia, Pennsylvania, USA, 1999: 49-60.

[7] Schliep A, Schönhuth A, Steinhoff C. Using hidden Markov models to analyze gene expression time course data[J]. Bioinformatics, 2003, 19(Suppl 1): 255-263.

[8] Arabie P, Carroll J D, DeSarbo W, et al. Overlapping clustering: a new method for product positioning[J]. Journal of Marketing Research, 1981, 18: 310-317.

[9] Xie X L, Beni G. A validity measure for fuzzy clustering[J]. IEEE Transactions on Pattern Analysis and Machine Intelligence, 1991, 13(8): 841-847.

[10] Hoffmann N, Ebert F, Likos C N, et al. Partial clustering in binary two-dimensional colloidal suspensions[J]. Physical Review Letters, 2006, 97(7): 078301.

[11] Steinhaus H. Sur la division des corps matériels en parties[J]. Bulletin de I'Academie Polonaise de Sciences, 1957, 4(12): 801-804.

[12] MacQueen J. Some methods for classification and analysis of multivariate observations[C]// Proceedings of the Fifth Berkeley Symposium on Mathematical Statistics and Probability, 1967: 281-297.

[13] Vinod H D. Integer programming and the theory of grouping[J]. Journal of the American Statistical Association, 1969, 64(326): 506-519.

[14] Dunn J C. A fuzzy relative of the ISODATA process and its use in detecting compact well-separated clusters[J]. Cybernetics, 1973, 3: 32-57.

[15] Gower J C. Generalized procrustes analysis[J]. Psychometrika, 1975, 40(1): 33-51.

[16] Hartigan J A, Wong M A. Algorithm AS 136: a k-means clustering algorithm[J]. Journal of the Royal Statistical Society. Series C(Applied Statistics), 1979, 28(1): 100-108.

[17] Telgarsky M, Vattani A. Hartigan's method: k-means clustering without Voronoi[C]// Proceedings of the Thirteenth International Conference on Artificial Intelligence and Statistics, 2010: 820-827.

[18] Lloyd S. Least squares quantization in PCM[J]. IEEE Transactions on Information Theory, 1982, 28(2): 129-137.

[19] Mahajan M, Nimbhorkar P, Varadarajan K. The planar k-means problem is NP-hard[C]// International Workshop on Algorithms and Computation. Berlin, Heidelberg: Springer, 2009: 274-285.

[20] Selim S Z, Ismail M A. K-means-type algorithms: a generalized convergence theorem and characterization of local optimality[J]. IEEE Transactions on Pattern Analysis and Machine Intelligence, 1984(1): 81-87.

[21] Dempster A P, Laird N M, Rubin D B. Maximum likelihood from incomplete data via the EM algorithm[J]. Journal of the Royal Statistical Society: Series B, 1977, 39(1): 1-38.

[22] Hochbaum D S, Shmoys D B. A best possible heuristic for the k-center problem[J]. Mathematics of Operations Research, 1985, 10(2): 180-184.

[23] Kaufman L, Rousseeuw P. Clustering by means of medoids[C]//Proceeding in Statistical Data Analysis Based on the L1 Norm Conference, Neuchatel, 1987: 405-416.

[24] Inaba M, Katoh N, Imai H. Applications of weighted Voronoi diagrams and randomization to variance-based k-clustering[C]//Proceedings of the Tenth Annual Symposium on Computational Geometry, 1994: 332-339.

[25] García-Escudero L Á, Gordaliza A. Robustness properties of k means and trimmed k means[J]. Journal of the American Statistical Association, 1999, 94(447): 956-969.

[26] Ng R T, Han J. Efficient and effective clustering methods for spatial data mining[C]// Proceedings of the 20th International Conference on Very Large Databases. San Francisco, CA: Morgan Kaufmann, 1994: 144-155.

[27] Chaudhuri D, Chaudhuri B B. A novel multiseed nonhierarchical data clustering technique[J]. IEEE Transactions on Systems, Man, and Cybernetics, Part B(Cybernetics), 1997, 27(5): 871-876.

[28] Huang Z. Extensions to the k-means algorithm for clustering large data sets with categorical values[J]. Data Mining and Knowledge Discovery, 1998, 2(3): 283-304.

[29] Schölkopf B, Smola A, Müller K R. Nonlinear component analysis as a kernel eigenvalue problem[J]. Neural Computation, 2008, 10(5): 1299-1319.

[30] Bradley P S, Fayyad U M. Refining initial points for k-Means clustering[C]//Proceedings of the 15th International Conference on Machine Learning, Madison, Wisconsin, USA, 1998: 91-99.

[31] Moore A W. Very fast EM-based mixture model clustering using multiresolution kd-trees[C]//Advances in Neural Information Processing Systems, 1999: 543-549.

[32] Pelleg D, Moore A. Accelerating exact k-means algorithms with geometric reasoning[C]// Proceedings of the Fifth ACM SIGKDD International Conference on Knowledge Discovery and Data Mining, New York, 1999: 277-281.

[33] Kanungo T, Mount D M, Netanyahu N S, et al. Computing nearest neighbors for moving points and applications to clustering[C]//SODA, Baltimore, Maryland, USA, 1999: 931-932.

[34] Moore A W. The anchors hierarchy: using the triangle inequality to survive high dimensional data[C]//Proceedings of the Sixteenth Conference on Uncertainty in Artificial Intelligence. San Mateo, CA: Morgan Kaufmann Publishers Inc. , 2000: 397-405.

[35] Pelleg D, Moore A W. X-means: extending k-means with efficient estimation of the number of clusters[C]//Proceedings of International Conference on Machine Learning, Stanford, CA, USA, 2000: 727-734.

[36] Schwarz G. Estimating the dimension of a model[J]. The Annals of Statistics, 1978, 6(2): 461-464.

[37] Makarenkov V, Legendre P. Optimal variable weighting for ultrametric and additive trees and k-means partitioning: methods and software[J]. Journal of Classification, 2001, 18(2): 245-271.

[38] Caliński T, Harabasz J. A dendrite method for cluster analysis[J]. Communications in Statistics-Theory and Methods, 1974, 3(1): 1-27.

[39] Tibshirani R, Walther G, Hastie T. Estimating the number of clusters in a data set via the gap statistic[J]. Journal of the Royal Statistical Society: Series B, 2001, 63(2): 411-423.

[40] Wagstaff K, Cardie C, Rogers S, et al. Constrained k-means clustering with background knowledge[C]//Proceedings of the Eighteenth International Conference on Machine Learning. San Francisco, CA: Morgan Kaufmann, 2001: 577-584.

[41] Kanungo T, Mount D M, Netanyahu N S, et al. An efficient k-means clustering algorithm: analysis and implementation[J]. IEEE Transactions on Pattern Analysis and Machine Intelligence, 2002, 24(7): 881-892.

[42] Kanungo T, Mount D M, Netanyahu N S, et al. A local search approximation algorithm for k-means clustering[J]. Computational Geometry, 2004, 28(2/3): 89-112.

[43] Elkan C. Using the triangle inequality to accelerate k-means[C]//Proceedings of the 20th International Conference on Machine Learning, 2003: 147-153.

[44] Hamerly G, Elkan C. Learning the k in k-means[C]//Proceedings of Conference and Workshop on Neural Information Processing Systems, Denver, CO, USA, 2003: 281-288.

[45] Agarwal P K, Har-Peled S, Varadarajan K R. Geometric approximation via coresets[J]. Combinatorial and Computational Geometry, 2005, 52: 1-30.

[46] Har-Peled S, Kushal A. Smaller coresets for k-median and k-means clustering[J]. Discrete & Computational Geometry, 2007, 37(1): 3-19.

[47] Har-Peled S, Sadri B. How fast is the k-means method?[J]. Algorithmica, 2005, 41(3): 185-202.

[48] Arthur D, Vassilvitskii S. How slow is the k-means method?[C]//Proceedings of the Twenty-Second Annual Symposium on Computational Geometry, 2006: 144-153.

[49] Vattani A. K-means requires exponentially many iterations even in the plane[J]. Discrete & Computational Geometry, 2011, 45(4): 596-616.

[50] Arthur D, Vassilvitskii S. K-means++: the advantages of careful seeding[C]//Proceedings of the Eighteenth Annual ACM-SIAM Symposium on Discrete Algorithms. Society for Industrial and Applied Mathematics, 2007: 1027-1035.

[51] Su T, Dy J G. In search of deterministic methods for initializing k-means and Gaussian mixture clustering[J]. Intelligent Data Analysis, 2007, 11(4): 319-338.

[52] Hotelling H. Simplified calculation of principal components[J]. Psychometrika, 1936, 1(1): 27-35.

[53] Wu X, Kumar V, Quinlan J R, et al. Top 10 algorithms in data mining[J]. Knowledge and Information Systems, 2008, 14(1): 1-37.

[54] Arthur D, Manthey B, Röglin H. K-means has polynomial smoothed complexity[C]// Foundations of Computer Science, 2009: 405-414.

[55] Manthey B, Röglin H. Improved smoothed analysis of the k-means method[C]//Proceedings of the Twentieth Annual ACM-SIAM Symposium on Discrete Algorithms. Society for Industrial and Applied Mathematics, 2009: 461-470.

[56] Arthur D, Manthey B, Röglin H. Smoothed analysis of the k-means method[J]. Journal of the ACM(JACM), 2011, 58(5): 19.

[57] Hamerly G. Making k-means even faster[C]//Proceedings of the 2010 SIAM International Conference on Data Mining. Society for Industrial and Applied Mathematics, 2010: 130-140.

[58] Sculley D. Web-scale k-means clustering[C]//Proceedings of the 19th International Conference on World Wide Web, 2010: 1177-1178.

[59] Bahmani B, Moseley B, Vattani A, et al. Scalable k-means++[J]. Proceedings of the VLDB Endowment, 2012, 5(7): 622-633.

[60] Drake J, Hamerly G. Accelerated k-means with adaptive distance bounds[C]//Proceedings of 5th NIPS Workshop on Optimization for Machine Learning, Lake Tahoe, 2012: 42-53.

[61] Celebi M E, Kingravi H A, Vela P A. A comparative study of efficient initialization methods for the k-means clustering algorithm[J]. Expert Systems with Applications, 2013, 40(1): 200-210.

[62] Drake J. Faster k-means clustering[D]. Waco: Baylor University, 2013.

[63] Ding Y, Zhao Y, Shen X, et al. Yinyang k-means: a drop-in replacement of the classic k-means with consistent speedup[C]//Proceedings of the 32nd International Conference on Machine Learning, Lille, France, 2015: 579-587.

[64] Wang J, Wang J D, Ke Q, et al. Fast approximate k-means via cluster closures[M]//Multimedia Data Mining and Analytics. Cham: Springer, 2015: 373-395.

[65] Bottesch T, Bühler T, Kächele M. Speeding up k-means by approximating Euclidean distances via block vectors[C]//Proceedings of the 33rd International Conference on Machine Learning, New York, 2016: 2578-2586.

[66] Newling J, Fleuret F. Fast k-means with accurate bounds[C]//Proceedings of the 33rd International Conference on Machine Learning, New York, 2016: 936-944.

[67] Newling J, Fleuret F. Nested mini-batch k-means[C]//Proceedings of Advances in Neural Information Processing Systems, Barcelona, 2016: 1352-1360.

[68] Bachem O, Lucic M, Hassani S H, et al. Approximate k-means++ in sublinear time[C]//Proceedings of Association for the Advancement of Artificial Intelligence, Phoenix, 2016: 1459-1467.

[69] Bachem O, Lucic M, Hassani H, et al. Fast and provably good seedings for k-means[C]// Proceedings of Advances in Neural Information Processing Systems, Barcelona, 2016: 55-63.

[70] Sirotković J, Dujmić H, Papić V. K-means image segmentation on massively parallel GPU architecture[C]// Proceedings of the 35th International Convention. IEEE, 2012: 489-494.

[71] Jie T, Han B, Wang Y. Application of the fuzzy C-means clustering algorithm on the analysis of medical images[J]. Journal of Software, 2001, 12(11): 1623-1629.

[72] Gibou F, Fedkiw R. A fast hybrid k-means level set algorithm for segmentation[C]// Proceedings of 4th Annual Hawaii International Conference on Statistics and Mathematics, Honolulu, Hawaii, USA, 2005: 281-291.

[73] Celebi M E. Effective initialization of k-means for color quantization[C]//Proceedings of 2009 16th IEEE International Conference on Image Processing, Phoenix, Arizona, USA, 2009: 1649-1652.

[74] Celebi M E. Improving the performance of k-means for color quantization[J]. Image and Vision Computing, 2011, 29(4): 260-271.

[75] 华勇攀, 李梦龙, 朱敏. 基于 SVM 和 K-means 算法识别蛋白质结构域[C]//中国化学会第 29 届学术年会摘要集——第 19 分会: 化学信息学与化学计量学, 2014.

[76] 那第尔. 识别蛋白质相互作用网络中的复合物[D]. 长沙: 中南大学, 2012.

[77] Botía J A, Vandrovcova J, Forabosco P, et al. An additional k-means clustering step improves the biological features of WGCNA gene co-expression networks[J]. Bmc Systems Biology, 2017, 11(1): 47.

[78] Shouman M, Turner T, Stocker R. Integrating Naive Bayes and K-means clustering with different initial centroid selection methods in the diagnosis of heart disease patients[C]// International Conference on Computer Science and Information Technology, Hong Kong, China, 2012: 125-137.

[79] Zhang L, Li P, Qiao P. Liver function diagnosis based on artificial bee colony and k-means algorithm[J]. International Journal of u-and e-Service, Science and Technology, 2016, 9(1): 123-128.

[80] 宋欣霞, 金卫. 应用并行化 K-means 优化算法探究中医治疗高血压用药规律[J]. 医学信息学杂志, 2017, 38(6): 71-76.

[81] 孙保存, 倪春生, 冯玉梅, 等. 基于线性微分方程模型和 k-means 聚类研究乳腺癌转移相关基因调控通路[J]. 中华医学杂志, 2006, 86(26): 1808-1812.

[82] 陈望, 贾振红, 覃锡忠, 等. 基于改进 K-means 聚类算法的室内 WLAN 定位研究[J]. 激光杂志, 2014, 35(7): 11-14.

[83] 吴超, 袁永博, 张明媛. 基于反射强度和 K-means 聚类的平面标靶定位研究[J]. 激光技术, 2015, 39(3): 341-343.

[84] 陈华, 陈书海. K-means 算法在遥感分类中的应用[J]. 红外与激光工程, 2000, 29(2): 26-30.

[85] Zhang F, Chang J, Zhou Q, et al. Context-aware recommendation algorithm based on fuzzy C-means clustering[J]. Journal of Computer Research and Development, 2013, 50(10): 2185-2194.

[86] Chen Z, Wen F, Nie J, et al. A reinforcement learning method based on node-growing k-means clustering algorithm[J]. Journal of Computer Research and Development, 2006, 43(4): 661-666.

[87] Ni W, Lu J, Chen G, et al. An efficient data stream outliers detection algorithm based on k-means parti-tioning[J]. Journal of Computer Research and Development, 2006, 43(9): 1639-1643.

2

k-均值算法

上一章已经对 k-均值算法进行了大致的介绍，在此基础上，本章将深入探索 k-均值算法，包括其理论依据和初始化等。本章内容分为三部分：从聚类算法到 k-均值算法、k-均值算法的剖析、k-均值算法同其他算法的等价性。

2.1 从聚类到 SSE 最小化问题

俗语有言“物以类聚”，这句俗语揭示了自然界中常见的现象，即相似的事物往往都聚在一起。人类在探索自然的过程中，为了更好地认识和抽象外部的世界，也常常会将事物进行划分，类似的事物归为同一类，存在显著差异的事物归为不同类，这极大地提升了人类对大量信息的处理能力。那么如何将大量混杂的数据划分到不同的组中？在实际生活中，这个问题是非常关键的，比如购物网站对用户群体进行划分从而更好地个性化推荐商品，又比如通过对蛋白质结构进行分组从而找到功能类似的蛋白质，等等。很多实际的问题都可以抽象成分组问题，而这正是聚类这一研究课题所要解决的问题。

作为一种无监督学习，聚类旨在找到数据的内在结构，从而将一堆数据划分到不同的组中[1-2]。并且满足组内的数据彼此相似，而组间的数据不相似。尽管聚类问题本身并不是良定义的问题，但是通过对其定义的具体化可以得到不同的算法。在过去的几十年时间里，许多研究者提出了各种聚类算法，比如基于层次的 CURE[3]算法和 BIRCH[4]算法，基于密度的 DBSCAN[5]算法和 OPTICS[6]算法，基于模型的 EM[7]算法等。除此之外，一些特殊的聚类形式如重叠（overlapping）聚类[8]、模糊（fuzzy）聚类[9]、部分（partial）聚类[10]也被提出。

尽管不同聚类算法的原理可能各有差异，但其最终目标都是要将一系列数据分配到不同的组中。如果以划分的思想来考虑聚类问题，显然存在一个暴力的思路，即找到所有可能的划分方式，从中选出最好的一个。该策略等价于将 n 个物体划分到 k 个不同的非空集合中，划分方式的数量可以由第二类斯特林数（Stirling numbers of the second kind）来表示，即

$$S(n,k)=\frac{1}{k!}\sum_{i=0}^{k}(-1)^{k-i}\binom{k}{i}i^n \tag{2.1}$$

该数可以近似地表示为 $k^n/k!$。显然直接利用枚举的方法从所有的划分方式中找到最优的解是不现实的，除非是非常小的数据集。实际上，即使当 $k=2$ 时，该优化问题也已经被证明是 NP 难问题[11]。既然暴力的方法行不通，就需要启发式的方法来找到问题的一个局部最优解。

我们先介绍一种用于评估聚类质量的指标。假设每个簇由一个代表点来表示，那么解决聚类问题一个很直接的策略是最小化簇内的方差，即最小化代表点同簇内其他点之间的方差。依上述过程可以得到最小化 SSE 这一聚类质量评价标准。给定一个包含 n 个数据对象的数据集合 $D=\{\boldsymbol{x}_1,\boldsymbol{x}_2,\cdots,\boldsymbol{x}_n\}$，$\boldsymbol{x}_i\in R^d$。聚类算法是将数据集 X 划分到不同组的过程，假设聚类分析后产生的簇集合为 $\{C_1,C_2,\cdots,C_k\}$，每个数据属于且仅属于某一个簇集合，即 $\bigcup C_i=D$，且对 $\forall i\neq j$，$C_i\cap C_j=\varnothing$。定义 $\boldsymbol{c}_k$ 为簇 C_k 的中心点，$\boldsymbol{c}_k=\frac{\sum_{\boldsymbol{x}_i\in C_k}\boldsymbol{x}_i}{|C_k|}$，其中 $|C_k|$ 表示集合 C_k 的大小。SSE 的定义即下式：

$$\mathrm{SSE}=\sum_{k=1}^{K}\sum_{\boldsymbol{x}_i\in C_k}\left\|\boldsymbol{x}_i-\boldsymbol{c}_k\right\|^2 \tag{2.2}$$

式中，$\|\cdot\|$ 表示求向量的范数，k-均值算法一般使用 L_2 范数。

也可以由矩阵形式来理解 SSE 问题。对簇 C_k 而言，我们希望每个簇中心点能逼近该簇中的所有数据点，即

$$\boldsymbol{c}_k \approx \boldsymbol{x}_i, \boldsymbol{x}_i \in C_k \tag{2.3}$$

对 $\forall k \in \{1,2,\cdots,K\}$ 都成立。利用矩阵将簇中心点按列顺序叠在一起，得到中心点矩阵 $\boldsymbol{C} = [\boldsymbol{c}_1\ \boldsymbol{c}_2 \cdots, \boldsymbol{c}_K]$。以 $\boldsymbol{e}_k$ 表示第 k 个标准基向量，即 $\boldsymbol{e}_k$ 是一个 $K\times 1$ 的向量，其第 k 个元素是 1，其他元素是 0。因此有 $\boldsymbol{C}\boldsymbol{e}_k = \boldsymbol{c}_k$，式（2.3）可以重写为

$$\boldsymbol{C}\boldsymbol{e}_k \approx \boldsymbol{x}_i, \boldsymbol{x}_i \in C_k \tag{2.4}$$

下一步将数据按列顺序叠在一起得到数据矩阵 $\boldsymbol{X} = [\boldsymbol{x}_1\ \boldsymbol{x}_2 \cdots \boldsymbol{x}_n]$，该矩阵是 $d\times n$ 维。将数据的归属向量按列顺序叠在一起，得到 $K\times n$ 归属矩阵 $\boldsymbol{W}$，该矩阵的每一列 $\boldsymbol{w}_i$ 都是 $K\times 1$ 的标准基向量，表示第 i 个数据所属的簇，即当 $\boldsymbol{x}_i \in C_k$，则 $\boldsymbol{w}_i = \boldsymbol{e}_k$。利用 $\boldsymbol{w}_i$ 可以进一步重写式（2.4）为 $\boldsymbol{C}\boldsymbol{w}_i \approx \boldsymbol{x}_i$，通过矩阵可以得到更简单的表达形式

$$\boldsymbol{C}\boldsymbol{W} \approx \boldsymbol{X} \tag{2.5}$$

式（2.5）形式上已经很简洁了，但是其中的“$\approx$”需要进一步转化成明确的数学语言。弗罗贝尼乌斯范数（Frobenius norm，F 范数）是一种衡量矩阵大小的矩阵范数，其计算方式为矩阵中所有的元素平方和的开方。因此 $\boldsymbol{C}\boldsymbol{W} \approx \boldsymbol{X}$ 也就可以等价于最小化 $\|\boldsymbol{C}\boldsymbol{W} - \boldsymbol{X}\|_F^2$。那么 SSE 的最小化问题也可以写为矩阵形式

$$\min_{\boldsymbol{C},\boldsymbol{W}} \|\boldsymbol{C}\boldsymbol{W} - \boldsymbol{X}\|_F^2, \quad \boldsymbol{w}_i \in \{\boldsymbol{e}_k\}_{k=1}^{K}, i \in \{1,2,\cdots,n\} \tag{2.6}$$

事实上式（2.6）是非凸的，这意味着不能同时最小化 $\boldsymbol{C}$ 和 $\boldsymbol{W}$。但是当固定 $\boldsymbol{C}$ 和 $\boldsymbol{W}$ 中的一个时，式（2.6）对另一个变量而言就是凸的，这意味着可以通过交叉迭代优化的方式求得式（2.6）的局部最优解。该解法等价于 Lloyd 算法[12]。

2.2 Lloyd 算法

Lloyd 算法[12]作为 k-均值算法最为基础的求解方法，在发表多年之后还能有着这么广泛的应用，其主要原因就在于该算法应用了启发式的思想，通过简单的

逐步迭代方式求解了 k-均值这一复杂问题。k-均值聚类其实可以表述为一个优化问题，给定一个包含 n 个数据对象的数据集合 $D=\{\boldsymbol{x}_1,\boldsymbol{x}_2,\cdots,\boldsymbol{x}_n\}$，定义经由 Lloyd 算法进行聚类分析后产生的类别集合为 $C=\{C_1,C_2,\cdots,C_K\}$。算法采用 SSE 作为度量聚类质量的目标函数，其形式化定义如式（2.7）：

$$\mathrm{SSE}(C)=\sum_{k=1}^{K}\sum_{\boldsymbol{x}_i\in C_k}\left\|\boldsymbol{x}_i-\boldsymbol{c}_k\right\|^2 \tag{2.7}$$

式中，$\boldsymbol{c}_k$ 是簇 C_k 的中心点，计算方法如式（2.8）：

$$\boldsymbol{c}_k=\frac{\sum_{\boldsymbol{x}_i\in C_k}\boldsymbol{x}_i}{\left|C_k\right|} \tag{2.8}$$

算法的目标是找到能最小化 SSE 的聚类结果，这个最优化问题是一个 NP 难问题[13]，难以找到一个多项式算法对其进行求解。因此，就需要采用 Lloyd 算法这种启发式方法。算法的迭代过程主要分为两个步骤：第一步是分配过程，在分配过程中，每个数据样本都要被分配到与它距离最近的簇中心点所属的簇中；第二步是更新过程，在更新过程中，簇中心点需要被重新计算，采用了分配到这一簇中的所有数据点的均值对簇中心点进行更新。算法的流程图见图 2.1。

在簇中心点的更新过程中，选取均值作为计算标准是具有数学依据的。定义 C_k 为第 k 个簇，$\boldsymbol{x}_i$ 是从属于 C_k 的数据点，$\boldsymbol{c}_k$ 是 C_k 中所有数据点的均值点。简化式（2.7），对于一维数据，式（2.7）可以写成：

$$\mathrm{SSE}(C)=\sum_{k=1}^{K}\sum_{\boldsymbol{x}_i\in C_k}\left(\boldsymbol{c}_k-\boldsymbol{x}_i\right)^2 \tag{2.9}$$

为最小化 SSE，对式（2.9）求导，令导数等于 0，并求解 $\boldsymbol{c}_k$。通过简单的计算可以得到 $\boldsymbol{c}_k$ 为第 k 个簇中所有数据点的均值，具体的计算过程可以参考下面迭代优化的求解。由此可见，当导数为 0 时，每个簇中心点的计算公式正好为属于该簇中所有数据点的均值的计算公式。但是均值的计算也会给 k-均值算法带来问题，当所处理的数据无法定义均值时（如包含类别属性的数据），k-均值算法则不能直接用于处理这类数据。

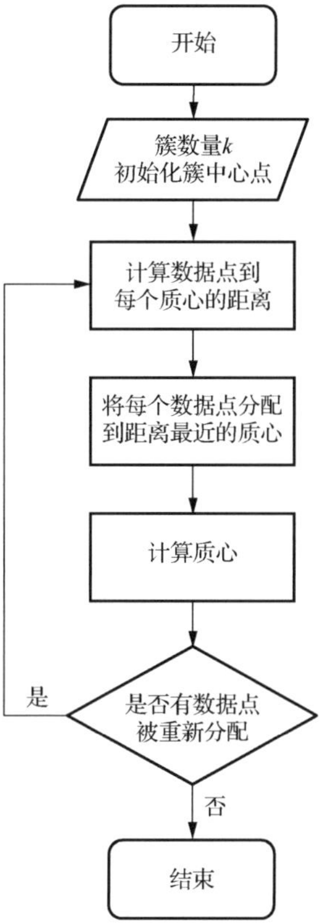

图 2.1　Lloyd 算法流程图

Lloyd 算法的导出也可以直接利用交叉迭代优化的方法对式（2.6）进行优化。交叉迭代优化的方法就是对问题中的诸多未知参数进行迭代优化，每次迭代选择一个参数为待优化参数，对其余的参数进行固定，单独优化该参数。迭代一直重复，直到参数收敛或者满足特定的停止条件。对于式（2.6），其中的未知参数有 $\boldsymbol{C}$ 和 $\boldsymbol{W}$，因此这里对这两个参数进行迭代优化。

首先，固定参数 $\boldsymbol{C}$，优化参数 $\boldsymbol{W}$。式（2.6）转化成下面的问题：

$$\min_{\boldsymbol{W}} \left\| \boldsymbol{CW} - \boldsymbol{X} \right\|_F^2, \quad \boldsymbol{w}_i \in \left\{ \boldsymbol{e}_k \right\}_{k=1}^{K}, i \in \{1, 2, \cdots, n\} \tag{2.10}$$

式（2.10）进一步简化为 $\sum_{i=1}^{n} \left\| \boldsymbol{C}\boldsymbol{w}_i - \boldsymbol{x}_i \right\|_2^2$ 的最小化，这里由于 $\boldsymbol{w}_i$ 之间是相互独立的，因此式（2.10）等价于对每个 $\boldsymbol{w}_i$ 进行优化，即

$$\min_{w_i} \left\| Cw_i - x_i \right\|_2^2, \quad w_i \in \{e_k\}_{k=1}^K \tag{2.11}$$

显然该问题的解就是将每个数据点分配到离其最近的簇中心点所代表的簇。

然后，固定参数W，优化参数C。式（2.6）转化成下面的问题

$$\min_{C} \left\| CW - X \right\|_F^2 \tag{2.12}$$

下面使用一阶条件，令式（2.12）对C的一阶偏导为0，求一阶偏导得到

$$\frac{\partial \left\| CW - X \right\|_F^2}{\partial C} = \frac{\partial \operatorname{tr}\left((CW - X)^{\mathrm{T}} (CW - X) \right)}{\partial C} = 2CWW^{\mathrm{T}} - 2XW^{\mathrm{T}}$$

也就是说$CWW^{\mathrm{T}} = XW^{\mathrm{T}}$。显然$WW^{\mathrm{T}}$是一个对角矩阵，其第$k$个对角元素值是第$k$个簇中数据点的数量，而$XW^{\mathrm{T}}$表示第$k$个簇中所有数据点的求和。因此对于每个簇，最优的簇代表点c_k^*可以用下式表示：

$$c_k^* = \frac{1}{|C_k|} \sum_{x_i \in C_k} x_i \tag{2.13}$$

换句话说，c_k^*即第k个簇中所有数据的均值。

k-均值算法在每次迭代后都会减小目标函数 SSE 的值，因此算法是收敛的，且可以在有限步达到终止。对于一个包含n个数据点的数据集，将其划分为k个非空分区的数目可以用第二类斯特林数给出。这为算法提供了一个有限的界限，算法最终会终止在某一特定划分情况。Bottou 等[14]的研究指出，对于一个有着良好实现的 k-均值算法，采用的是精确的牛顿算法对目标函数进行极小化。

k-均值算法无疑是基于划分的聚类算法中最常用的一种[15]。该算法广受欢迎的原因主要有以下几个方面。首先，k-均值算法概念简单，易于实现。概念简单决定了该算法可以为广大研究者所接受，算法的实现也只需要数十行代码即可，并且在各种数据挖掘的库或者软件中基本都有 k-均值算法的实现。正因为 k-均值算法被广泛接受，所以很多时候该算法也被当作对比算法或者基准算法。其次，k-均值算法在时空复杂度方面的表现很优秀。在上一节中已经提到 k-均值算法的

时间复杂度和数据数量 n、数据的属性数量 m、簇数量 k（通常有 $m \ll n$，$k \ll n$）呈线性关系，在这一点上 k-均值算法优于大部分的同类算法。同时，k-均值算法的时间复杂度还和迭代的次数呈线性关系，但在一般情况下，k-均值算法的收敛速度很快，通过少量的迭代就可以使得 k-均值算法收敛到局部最优解。正因为 k-均值算法的时间复杂度较低，所以该算法常被用于初始化其他时间复杂度很高的算法，例如 EM、DBSCAN、谱聚类[16]等。而且，k-均值算法还可以利用串行[17-18]或者并行[19]加速技术进一步减少运行时间。另外，k-均值算法的空间复杂度同数据数量 n、数据的属性数量 m、簇数量 k 也呈线性关系，一些学者甚至提出基于磁盘的 k-均值变种[20]，这种变种不需要一次性将所有的数据加载到内存中，使得算法对内存的需求进一步降低。k-均值算法本身较好的时空复杂度表现，再加上各种变种和优化，使得 k-均值算法也可用在大数据的处理上[21]。再次，k-均值算法比较通用且易于修改，算法的每个方面都是可以修改的，如初始化、距离度量、停止准则等。最后，有学者已证明 k-均值算法保证收敛[22]，并且是二阶收敛的[14]。

k-均值算法有几点不足之处：①其仅能保证收敛到局部最优解，而且无法验证其结果是否是全局最优的；②算法需要由用户指定 k 的取值和初始中心点的分布情况，这将对最终的聚类结果产生很大的影响；③算法的鲁棒性不强，容易受到离群点的干扰；④算法的运行速度较慢，对于高维度和大规模的数据集处理困难。针对以上几点问题，许多优化方案被提出，关于②③④三点的优化将在之后的部分中阐述。对于①，Meilă[23]证明了在以失真作为聚类结果好坏的评价标准时，存在一个与最优结果的距离上界。而除了 Lloyd 算法外，有几种可供替代的启发式方法可以提升算法解的质量。Agarwal 等[24]提出的核心集（core-sets）方法是从完整的数据集中提取出小的子集，并对该子集进行聚类分析，从而给出对完整数据集的近似。Har-Peled 等[25]证明了 k-均值问题存在适当的核心集。还有一种可替代的方案是 Hartigan 算法[26]，该方法反复地选择一个点的最佳簇分配直至满足停止条件。与 Lloyd 算法的不同之处在于，Hartigan 算法在每个点的指派完成后立即对簇中心点进行更新，而不是在所有点都完成指派才更新。Telgarsky 等[27]

证明了 Hartigan 算法得到的局部最优值集合是 Lloyd 算法得到集合的一个子集。不过，Hartigan 算法对更大的可能分区空间进行了搜索，这种质量的提升是以更大的计算量为代价的。

2.3 复杂度分析

算法的复杂度直接影响了算法的优劣和应用场景，接下来对 k-均值算法的性能进行分析，主要考察算法的时间复杂度和空间复杂度。

在时间方面，k-均值算法的时间需求基本上与数据点的个数线性相关。k-均值算法每次迭代过程中，需要计算每个数据点和质心的距离，这部分的时间复杂度是$O(k\times n\times m)$，其中k是簇的个数，n是数据集中包含的数据点个数，m是每个数据的属性数。另外，每次迭代还需要更新簇的质心，该部分的时间复杂度是$O(k\times n\times m)$。因此，每次迭代的时间复杂度是$O(k\times n\times m)$。总的来说，k-均值算法的时间复杂度为$O(i\times k\times n\times m)$，其中$i$是收敛所需要的迭代次数。由于 k-均值算法的收敛往往非常快，数次迭代即可收敛，即i的值通常较小。此时，只要簇的个数k显著小于n，那么 k-均值算法的计算时间就与数据数量n线性相关。

在空间方面，k-均值算法在运行时需要存储的内容只有数据点和每个簇的中心点数据。具体来说，其空间复杂度为$O((k+n)\times m)$，这几个量的定义与计算时间复杂度时的定义相同。一般可以认为，k和m都是常量。这样的话，算法的时间复杂度和空间复杂度就都可以简化为$O(n)$，即线性的。由此可以看出，k-均值算法是一种计算简单而又行之有效的聚类算法。

下面介绍有关 k-均值算法的时间复杂度上界的相关分析。由于 k-均值算法的求解是 NP 难的，即没有已知的多项式时间方法可以解决这一问题。然而，对于一个含有n个点的数据集，其迭代次数可以由可能的划分数k^n来简单地约束。Inaba 等[28]通过计算可能的 Voronoi 细胞数将这一上界提升到$O(n^{kd})$。对于复杂度的下界，Har-Peled 等[29]证明了最坏情况下的表现为$\Omega(n)$，Arthur 等[30]后来计算出一个超多项式的下界 $2^{\Omega(\sqrt{n})}$。目前，最新的下界是 Vattani[31]所提出的 $2^{\Omega(n)}$。进一步地，Arthur 等 [32]首先将平滑分析模型引入 k-均值算法的研究中，并给出了 k-均值算法平滑运行时间的多项式界限 $\min\left(n^k,\sigma^{-1}\right)$。Manthey 等[33]将 n^k 改进为 $\min\left\{n^{\sqrt{k}},k^{kd}\cdot n\right\}$。Arthur 等[34]的研究进一步将这个界限提升到了 $\min\left(n,\sigma^{-1}\right)$，并在实验中验证了这一分析与实际性能表现是相匹配的。

2.4 测度方法

在 k-均值算法中，每次迭代都需要计算每个数据点与各个簇中心点之间的距离，而且算法的主要时间消耗也在距离计算上。因此，选择怎样的测度方法对点与点之间的距离进行度量不仅决定了最终聚类质量的好坏，还会影响到算法的运行速度。一般情况下，k-均值采用的距离度量是欧几里得距离，仅仅因为该距离是一种普适的距离度量，并不意味着该距离在任何情况下都是最优的。在应用 k-均值时，应该根据所处理数据的具体情况采用不同的距离测度。下面将介绍两类测度方法，分别是距离测度和相似度测度。

距离测度以两个矢量矢端的距离为基础，因此距离测度值是两个矢量各相应分量之差的函数。设 $\boldsymbol{x}=\left\{x_1,x_2,\cdots,x_n\right\}$, $\boldsymbol{y}=\left\{y_1,y_2,\cdots,y_n\right\}$ 表示两个矢量，可以由下面多种距离测度计算二者之间的距离。

欧几里得距离（Euclidean distance），又称 L_2 范数，是一种最常用的距离度量，最初用于计算欧几里得空间中两个点的距离。设 $\boldsymbol{x}$, $\boldsymbol{y}$ 是 n 维空间的两个点，二者的欧几里得距离是

$$d\left(\boldsymbol{x},\boldsymbol{y}\right)=\left\|\boldsymbol{x}-\boldsymbol{y}\right\|_2=\sqrt{\sum_{i=1}^{n}\left(x_i-y_i\right)^2} \tag{2.14}$$

式中，$\|\cdot\|_2$ 表示计算向量的 L_2 范数。

曼哈顿距离（Manhattan distance），又称 L_1 范数或城市区块距离，是将多个维度上的距离进行求和得到的结果。该距离从为方形建筑区块的城市（如曼哈顿）间规划最短的行车路径而来。$\boldsymbol{x}$ 和 $\boldsymbol{y}$ 之间的曼哈顿距离是

$$d(\boldsymbol{x},\boldsymbol{y})=\sum_{i=1}^{n}|x_i-y_i| \tag{2.15}$$

切比雪夫距离（Chebyshev distance），又称切氏距离或 L_∞ 范数，定义为所有维度上的距离的最大值。该距离起源于国际象棋中国王的走法，每次只能往周围的 8 格中走一步。$\boldsymbol{x}$ 和 $\boldsymbol{y}$ 之间的切比雪夫距离是

$$d(\boldsymbol{x},\boldsymbol{y})=\max_i|x_i-y_i| \tag{2.16}$$

闵可夫斯基距离，又称闵氏距离，是前述三种距离的推广。闵可夫斯基距离定义如下：

$$d(\boldsymbol{x},\boldsymbol{y})=\|\boldsymbol{x}-\boldsymbol{y}\|_p=\left(\sum_{i=1}^{n}(x_i-y_i)^p\right)^{1/p} \tag{2.17}$$

式中，$\|\cdot\|_p$ 表示计算向量的 L_p 范数。显然，当 $p=1$ 时，该距离等价于曼哈顿距离；当 $p=2$ 时，该距离等价于欧几里得距离；当 $p\to\infty$ 时，该距离等价于切比雪夫距离。

马氏距离（Mahalanobis distance）表示数据的协方差距离。与欧几里得距离不同的是，马氏距离考虑了属性之间的相关性，并且是尺度无关的（scale-invariant）。对两个随机变量 $\boldsymbol{x}$ 和 $\boldsymbol{y}$，马氏距离定义为

$$d(\boldsymbol{x},\boldsymbol{y})=\sqrt{(\boldsymbol{x}-\boldsymbol{y})^{\mathrm{T}}\boldsymbol{\Sigma}^{-1}(\boldsymbol{x}-\boldsymbol{y})} \tag{2.18}$$

式中，$\boldsymbol{\Sigma}$ 为 $\boldsymbol{x}$ 和 $\boldsymbol{y}$ 的协方差矩阵。当协方差矩阵为单位阵时，马氏距离就退化为欧几里得距离；当协方差矩阵是对角阵时，此时的马氏距离也可称为正规化的欧几里得距离。正规化的欧几里得距离有如下的形式

$$d(\boldsymbol{x},\boldsymbol{y})=\sqrt{\sum_{i=1}^{n}\frac{(x_i-y_i)^2}{\sigma_i^2}} \tag{2.19}$$

式中，σ_i 是 x_i 的标准差。

汉明距离（Hamming distance）是信息论中定义的距离。在信息论中，两个等长字符串之间的汉明距离是两个字符串对应位置的不同字符的个数。换句话说，它就是将一个字符串变换成另一个字符串所需要替换的字符个数。

莱文斯坦距离（Levenshtein distance），又称编辑距离（edit distance），是针对两个字符串的差异程度的量化度量。莱文斯坦距离定义为至少需要多少次处理才能将一个字符串转换成另一个字符串，这里的处理可以是增、删或修改一个字符。该距离广泛用于自然语言处理中，例如拼写检查可以根据一个拼错的单词和其他正确的单词之间的编辑距离，找到最可能的正确单词。可以看出汉明距离是莱文斯坦距离的一种特例，前者只允许替换操作。

相似测度是以两个矢量的方向是否相近作为考虑的基础，而矢量的长度并不重要。余弦相似性（cosine similarity）通过测量两个向量的夹角的余弦值来度量它们的相似性。0 度角的余弦值是 1，而其他任何角度的余弦值都不大于 1，并且其最小值是−1。从两个向量之间的角度的余弦值确定两个向量是否大致指向相同的方向。两个向量有相同的指向时，余弦相似度的值为 1；两个向量夹角为 90°时，余弦相似度的值为 0；两个向量指向完全相反的方向时，余弦相似度的值为−1。两个向量的余弦值可以根据余弦公式导出，给定向量 $\boldsymbol{x}$ 和 $\boldsymbol{y}$，二者的余弦相似性为

$$s(\boldsymbol{x},\boldsymbol{y})=\frac{\boldsymbol{x}\cdot\boldsymbol{y}}{\|\boldsymbol{x}\|\|\boldsymbol{y}\|}=\frac{\sum_{i=1}^{n}x_i\times y_i}{\sqrt{\sum_{i=1}^{n}(x_i)^2}\times\sqrt{\sum_{i=1}^{n}(y_i)^2}} \tag{2.20}$$

余弦相似性对于坐标系的旋转和尺度的缩放是不变的，但对一般的线性变换和坐标系的平移不具有不变性。余弦相似性只衡量了矢量方向的差异，而对矢量的大小不敏感，这个特性也可能会导致一些问题，比如在用户对电影进行评分的场景下，采取 5 分制，两个用户对两部电影的评分分别为(1,2)和(4,5)，根据余弦相似度得到两个用户的相似性是 0.98，但是显然前一个用户并不喜欢这两部电影。为了修正余弦相似性在该场景下的偏差，调整的余弦相似性被提出。调整的余弦相似性需要首先对每个维度的数据减去一个均值，比如上述两个用户的打分记录的均值都是 3，那么应该将两部电影的打分调整为(−2,−1)和(1,2)，再计算余弦相似性得到−0.8，显然修改后的结果和感知更加吻合。

杰卡德相似系数（Jaccard similarity coefficient）用来比较两个集合的相似性。杰卡德相似系数定义为两个集合的交集大小比上并集的大小，对于集合 A 和集合 B，二者的杰卡德相似系数即

$$J(A,B)=\frac{|A\cap B|}{|A\cup B|} \tag{2.21}$$

式中，$|\cdot|$ 表示计算集合的大小。当 A 和 B 都为空集时，$J(A,B)$ 定义为 1。当两个集合完全相同的时候，杰卡德相似系数取得最大值 1；当两个集合完全不同的时候，杰卡德相似系数取得最小值 0。为了将杰卡德相似系数转化为距离度量，定义杰卡德距离（Jaccard distance）为

$$d_J(A,B)=1-J(A,B)=\frac{|A\cup B|-|A\cap B|}{|A\cup B|} \tag{2.22}$$

杰卡德距离用来度量两个集合之间的距离，也即相异性。

皮尔森相关系数（Pearson correlation coefficient，PCC），又称皮尔森积矩相关系数（Pearson product-moment correlation coefficient，PPMCC），是一种常见的相关系数，用于度量两个变量 X 和 Y 之间的相关性，其值介于−1 和 1 之间。两个变量之间的皮尔森相关系数定义为两个变量的协方差和标准差的商：

$$\rho_{X,Y}=\frac{\operatorname{cov}(X,Y)}{\sigma_X\sigma_Y} \tag{2.23}$$

式中，$\operatorname{cov}(X,Y)$ 表示变量 X 和 Y 之间的协方差；σ_X 和 σ_Y 分别表示 X 和 Y 的标准差。

通常，k-均值算法主要采用以下几种距离度量方法：闵可夫斯基距离、曼哈顿距离、欧几里得距离、马氏距离。针对不同的数据类型可以选取不同的距离度量标准。在一般情况下，欧几里得距离是一个很好的度量数据间相似性的标准，也是大部分 k-均值算法中选定的距离度量标准。当数据分布在低维欧几里得空间当中时，算法中数据点之间的许多相似度的计算都有可能避免，这将很大程度地提升算法的运行速度。有时候采用其他的距离度量方法可以提升聚类质量，如马氏距离具有能够校正数据的缩放和分布的优点，而广义闵可夫斯基范数允许各种非球形簇

存在。一些采用不同测度方法的 k-均值算法变体将在第 3 章进行详细介绍。

2.5 初始化问题

上面已经分析过，k-均值算法存在一些明显的问题。首先，k-均值算法需要提前确定簇数量 k 。很多时候聚类任务并不会给定数据中的簇数量，此时需要应用各种方法[35]来确定该参数，这些方法我们会在 2.5.1 节介绍。其次，k-均值算法只能用来识别紧密的超球形的簇，这个问题可以通过使用马氏距离作为距离度量来得到一些缓解，马氏距离使得 k-均值可以识别超椭球形簇[36]。再次，由于 k-均值算法使用了欧几里得距离，算法对噪声数据和离群点比较敏感。在计算簇中心的时候，少量的离群点会使计算得到的簇中心偏离实际情况，这个问题可以通过去离群点得到解决[37]，也可以采用更加健壮的距离度量如 L_1 来缓解。最后，k-均值算法输出的结果只是局部最优的结果。由于 k-均值算法的本质思想是递归下降[22]，所以该算法对初始的簇中心点极其敏感。不好的初始化可能造成空簇（得到的簇中不包含任何数据）、收敛速度慢、更易陷入不好的局部最优解等诸多问题[38]。

在接下来的两小节中，我们将讨论 k-均值算法初始化环节的两个重要问题：如何选取合适的 k 值，如何选取合适的初始簇中心点。

2.5.1 k 值选取

首先，我们应当认识到 k 值的选取并不仅是 k-均值算法存在的问题，而是绝大部分聚类算法都要面对的问题。在整个聚类分析问题中，类别个数的设定一直是一个十分困难的问题，这在 k-均值算法中就反映为 k 值的选取。通常，需要具有足够的先验知识辅助才能确定一个恰当的 k 值。但是在实际问题中这种先验知识往往是缺乏的，因此如何通过其他的方式来确定 k 值的选取成为算法研究中的一个热点问题。本节依据方法的原理和特点，将常见的 k 值选取方法分为八大类，分别是图像方法、假设检验、轮廓系数、贝叶斯方法、信息准则、参数方法、公式方法和交叉验证。

1. 图像方法

一些学者[39-41]主张针对不同的 k 值绘制 k 值-SSE 折线图，通过寻找图中拐点的方式来确定 k 的合适取值。随着 k 值的逐渐增大，SSE 的值必然会随之降低，而图像中趋于平滑处（也叫肘部，指曲线由快速下降到平缓下降中间的转折处）的 k 值能最大限度地达到 SSE 与 k 值之间的一个平衡。在应用该方法时，需要在不同的 k 值下执行聚类算法，计算不同 k 值下算法得到的 SSE 值。然后绘制 k 值-SSE 折线图，观察曲线肘部从而确定合适的 k 值。但是，由于该方法的主观性太强，因此并未在实际中取得广泛应用。

图 2.2 展示了在两个数据集上得到的 k 值-SSE 折线图，可以看出上图的折线有明显的肘部，大约在 $k=4$ 的位置，当 $k \leqslant 4$，曲线下降迅速，而在 $k \geqslant 4$ 的范围曲线趋于平缓。反观下图，曲线稳定下降，在处理这种数据时，图像方法无法确定合适的 k 值。

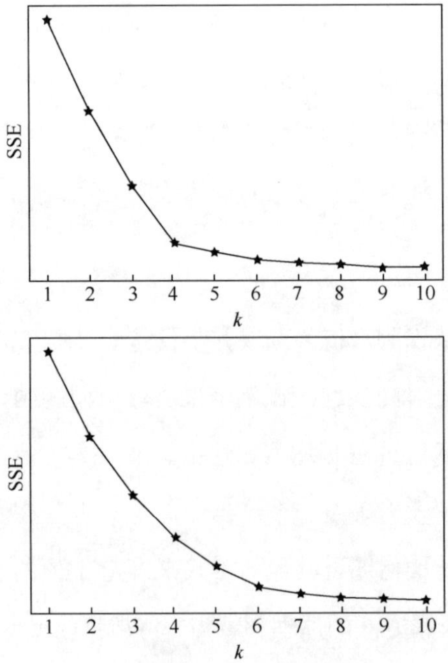

图 2.2 SSE 值随 k 值的改变而变化

2. 假设检验

假设检验是确定 k 值的一种经典方法，该方法假设隐含的数据密度分布是由 k 个成分混合得到。该方法的具体实现有 G-means[42]和 Dip-means[43]等代表性算法，以及差异统计量（gap statistical）[44]等代表性统计量。

Hamerly 等[42]设计了 G-means 算法，选择较小的 k 值来运行 k-均值算法，通过测试分配给每个聚类中心的数据是否服从高斯分布来判定是否应该对其进行拆分。将不满足条件的簇进行拆分后使 k 值加 1，重新运行 k-均值算法直到所有簇都满足条件。Kalogeratos 等[43]提出了一种称为 Dip-means 的增量方法，该方法降低了上述方法中包含的对簇分布的假设要求，只对一个基本的簇属性做出假设：每个簇都服从单峰分布。在这种条件下，方法的通用性得到了很大的提升。

在统计学领域，也有着对 k 值选取的有效方法。Tibshirani 等[44]提出了差异统计量来确定 k 值，该方法需要用户提供 b 个取值范围与原始数据集相同的数据集作为输入，通过调整不同的 k 的取值计算出在不同 k 值下的簇内平方和。这种方法以一个差异量作为寻找恰当的 k 值的标准：

$$\mathrm{Gap}(k)=\frac{1}{b}\times\sum_{b_i}\log\left(W_{b_i}^*(k)\right)-\log\left(W(k)\right) \tag{2.24}$$

式中，$W_{b_i}^*(k)$ 表示第 b_i 个数据集中的簇内平方和。通过进行式（2.24）的判定选取满足条件的最小的 k 值作为最终的初始值，

$$\mathrm{Gap}(k)\geqslant\mathrm{Gap}(k+1)-S_{k+1} \tag{2.25}$$

式中，S_{k+1} 表示 $\log\left(W_{b_i}^*(k+1)\right)$ 的标准差的估计值。

3. 轮廓系数

轮廓系数（average silhouette）是用来评价簇的紧密与分散程度的指标，可以用于估计数据中的簇数量。轮廓系数结合了内聚度和分离度两种因素，也可用于对聚类结果质量的评价。

首先，计算样本i到同簇其他样本的平均距离$a(i)$。$a(i)$越小，说明样本i越应该被聚类到该簇。称$a(i)$为样本i的簇内不相似度，簇C中所有样本的$a(i)$的均值称为簇C的簇不相似度。

其次，计算样本i到其他某簇C_j的所有样本的平均距离$b(i,j)$，称为样本i与簇C_j的不相似度。定义样本i的簇间不相似度：$b(i)=\min\{b(i,1),b(i,2),\cdots,b(i,k)\}$。$b(i)$越大，说明样本$i$越不属于其他簇。

根据样本i的簇内不相似度$a(i)$和簇间不相似度$b(i)$，定义样本i的轮廓系数：

$$s(i)=\frac{b(i)-a(i)}{\max\{a(i),b(i)\}} \tag{2.26}$$

根据轮廓系数的定义，显然$-1\leqslant s(i)\leqslant 1$。当$s(i)$接近1，说明样本$i$聚类合理；当$s(i)$接近$-1$，说明样本$i$更应该被分类到另外的簇；当$s(i)$近似为0，说明样本$i$在两个簇的边界上。聚类结果的轮廓系数定义为所有样本的轮廓系数$s(i)$的均值，该值可以用来判断聚类结果是否合理。简单来说，轮廓系数越大，聚类效果越好。

根据轮廓系数的定义，找到合适的簇数量k就比较简单。类似于图像方法，首先在不同的k值下执行聚类算法，使用轮廓系数对聚类结果进行评价。最大轮廓系数对应的k值即所要求的最佳簇数量。

4. 贝叶斯方法

贝叶斯方法是通过计算数据的似然、混合参数的先验和k值本身的先验来得到每个k值对应的后验概率。这个方法的难点在于对参数空间积分来计算后验概率引起的计算复杂度问题。AutoClass 算法[45]在计算后验概率的过程中使用了多种近似方法。Diebolt 等[46]将采样方法应用到该问题中。

5. 信息准则

混合模型中簇数量的增加会导致模型维度的增加，也会引起似然函数的单调递增。当我们仅仅关注最大化模型的似然函数，会导致最后将每个数据点单独视为一个簇。显然这个结果并不是聚类算法所追求的目标，因此在优化似然函数的同时还需要对模型的复杂度加以约束。

基于信息准则的方法通过引入对参数的惩罚来平衡引入该参数带来的似然的增长。常用的限制模型复杂度的方法有赤池信息准则（Akaike's information criterion，AIC）[47]、一致性赤池信息准则（consistent Akaike's information criterion，CAIC）[48]、最短描述长度（minimum description length，MDL）[49]和贝叶斯信息准则[50]。

赤池信息准则是一种对统计模型拟合优良性进行衡量的标准，经常被用于确定模型的复杂度。采用相似的思想并增加了惩罚手段的贝叶斯信息准则利用贝叶斯公式将先验概率转化为后验概率，并利用后验概率进行决策分类的判别。Pelleg等[51]设计了包含贝叶斯信息准则的X-means算法，通过形成 k 的范围 $\left[k_{\min},k_{\max}\right]$ 来确定簇的数量。通过测试该范围内每一个 k 的取值下算法的运行情况，计算BIC分数并选取使BIC值最大的 k 作为最终的 k 值。

6. *参数方法*

参数方法是通过参数控制簇的分裂和合并，从而对簇数量进行估计的方法。MacQueen[52]通过定义粗粒度参数 w 和细粒度参数 c 来进行 k 值的估计，在标准的k-均值算法中，给定初始 k 值和初始的中心点，计算每对中心点之间的距离。如果两个中心点间的距离小于 w，则合并这两个中心点，k 减小1，并重新进行数据点的类别指派和中心点计算。如果在类别指派过程中，某一数据点与其最近中心点间的距离大于 c，则将这一数据点视为一个新类的中心点，k 增加1。算法对所有数据点进行一次检测之后即停止，得到最终的 k 值。Anderberg[53]指出，该算法中的 w 和 c 的设定没有明确的规则来指导，也就是说该方法并没有从根本上解决问题，只是将 k 值的选取问题转移到参数 w 和 c 的选取。另外，如果选取一个较小的 w 和一个较大的 c，则该方法可以进行离群点的检测。

Ball等[54]提出一种更为精细的数据方法，称作迭代自组织（ISODATA）。同MacQueen的方法类似，ISODATA方法也设置了几个参数来辅助 k 值的选取。当两个簇的中心点之间的距离小于设定的阈值 w，或是两个簇内包含的数据点小于阈值 m 时，合并这两个簇。当某个簇的簇内标准差超过阈值 θ 和整体标准差的乘积时，分裂这个簇。虽然 ISODATA 方法更加细化了参数的设置，但是 Dubes 等[55]的分析表明，该方法与标准 k-均值算法相比效果并没有显著的改善。

7. 公式方法

公式方法需要在一定的 k 值范围内计算一个方程的值，并选取最小化或最大化这一方程的 k 值。Makarenkov 等[56]使用 Caliński-Harabasz 指标[57]作为选择标准，选取最大化下式的 k 值进行初始化：

$$\mathrm{CH}(k)=\frac{\dfrac{B(k)}{k-1}}{\dfrac{W(k)}{n-k}} \tag{2.27}$$

式中，$B(k)$ 和 $W(k)$ 分别代表簇间平方和与簇内平方和。Davies 等[58]提出了一种由 $k=n/2$ 的特殊情况开始的方法，每个初始簇中均包含两个数据点。通过计算每个簇的簇内误差平方和 SSE_k，得到簇 k 和 k^* 之间的相似性度量

$$S_{kk^*}=\frac{\mathrm{SSE}_k+\mathrm{SSE}_{k^*}}{d^2\left(\boldsymbol{c}_k,\boldsymbol{c}_{k^*}\right)} \tag{2.28}$$

式中，分母是两个簇中心点之间的距离的平方。数据集的整体可分性分数可以写作：

$$\bar{S}=\frac{1}{K}\sum_{k=1}^{K}S_k \tag{2.29}$$

式中，S_k 表示在 $k\neq k^*$ 的情况下最大的 S_{kk^*} 值。在 k 从 $n/2$ 到 2 的范围内重复测试该过程，最终选择可以最小化式（2.29）的 k 值。Kaufman 等[59]建议选择可以最大化式（2.30）的 k：

$$\left(\sum_{i=1}^{N}\frac{b(i)-a(i)}{\max\left\{a(i),b(i)\right\}}\right)\Bigg/N \tag{2.30}$$

式中，$a(i)$ 是点 i 与其所属簇中所有其他数据点之间的平均距离；$b(i)$ 是点 i 与不同簇中任何一个数据点之间的最小距离。

8. 交叉验证

利用交叉验证估计 k 值的方法由 Smyth 提出[60]，该方法基于簇的稳定性。该方法将数据分成多份，将其中一份用于聚类，而其余的数据用于对聚类结果的验证。Lange 等[61]提出基于稳定性的簇验证方法。稳定性描述了聚类模型的再现能力，即对相同的数据源多次采样得到的样本进行聚类而产生相同聚类结果的可能性。此后又有多名研究者对该方法进行完善[62]。

对于这个方法，也有研究者提出了质疑，Krieger 等[63]认为只有当目标函数有唯一的全局最小值时，该聚类模型才是稳定的，文中指出，当样本越大，变量更加相关的时候，该方法不再适用于确定簇数量。

2.5.2 初始簇中心点选取

初始簇中心点的选取对 k-均值算法的收敛速度和收敛结果有着关键影响。我们知道 Lloyd 算法求得的是划分问题的局部最优解，因而初始化问题就变得非常关键，好的初始化方法往往能让算法更快地收敛到更好的结果。正因为如此，k-均值算法的初始化问题也受到很多研究者的关注并被广泛研究，相关的初始化方法不完全统计也有几十种。接下来我们将介绍一些代表性的方法，根据方法的特点将其分为三类：数据选择、空间划分和其他。基于数据选择的初始化方法是根据某种准则选择合适的数据点对簇中心进行初始化，基于空间划分的初始化方法首先对数据分布空间进行划分再初始化，不属于这两类的初始化方法归为其他类别。

1. 基于数据选择的初始化方法

Jancey[64]提出在数据的分布空间中随机生成一些点作为簇中心。显然这个方法是存在很大问题的，对于机器学习问题，数据分布的空间往往是巨大的，特别是在高维的情况下，分布空间中随机点的周围很可能没有数据，导致空簇（没有数据点的簇）情况的产生。

MacQueen[52]提出了两种方法：一种是直接利用数据集中的前 k 个数据点作为

簇中心，显然这种方式的弊端在于该方法是数据顺序相关的，改变数据顺序后会产生不同的初始化结果；另一种是从数据集中随机选择 k 个数据点作为簇中心，随机选择的原理在于选中的数据很可能来自数据稠密的区域，这些位置的点适合用作初始的簇中心。然而，该方法无法避免可能选择到离群点或者距离很近的点作为簇中心。通过多次初始化可以有效缓解前面的问题，这也是现在 k-均值算法普遍采取的方式。

Ball 等[65]提出将所有的数据的质心（即 $\sum_{i=1}^{n} \boldsymbol{x}_i / n$）作为第一个簇中心点，然后以任意的顺序遍历数据点，当访问的数据点和已确定的簇中心点至少相距 T 个单位距离时，则把该数据点作为下一个簇中心点，直到选出 k 个簇中心点。然而，这个方法的问题在于 T 值很难确定，原问题并未被根除，只是被转移了。此外，这个方法也是数据顺序敏感的。

最大最小化方法[66-67]先任意确定第一个簇中心的位置 $\boldsymbol{c}_1$，第 i 个簇中心 $\boldsymbol{c}_i\left(i \in \{1,2,\cdots,k\}\right)$ 则是选择和已确定的簇中心点（即 $\boldsymbol{c}_1,\boldsymbol{c}_2,\cdots,\boldsymbol{c}_{i-1}$）有最大的最短距离的数据点的位置。数据点和多个簇中心点的最短距离定义为该数据点和每个簇中心点的距离的最小值。受到矢量量化的启发，Katsavounidis 等[67]在该方法上稍作改变，选择具有最大的 L_2 范数的数据点作为第一个簇中心。

k-means++算法[68]结合了 MacQueen 的第二种方法和最大最小化方法。首先随机地从数据集中选取第一个簇中心点，然后以概率 $\dfrac{\mathrm{md}\left(\boldsymbol{x}'\right)^2}{\sum_{j=1}^{N}\mathrm{md}\left(\boldsymbol{x}_j\right)^2}$ 将 $\boldsymbol{x}'$ 选作一个新的簇中心点，其中 $\mathrm{md}(\boldsymbol{x})$ 表示数据点 $\boldsymbol{x}$ 到已确定的簇中心点的最小距离，不断迭代直到得到 k 个簇中心。贪婪 k-means++算法每次依概率产生 $\log k$ 个中心点，然后贪婪地选择使得 SSE 下降最多的那个中心点作为该轮的簇中心点。贪婪 k-means++算法更加稳定，避免了小概率事件对结果产生影响。k-means++算法的一个缺点在于其缺乏直接的可并行性，针对这一问题，Bahmani 等[69]提出了一种在保证其初始化质量的情况下高度可扩展的变种算法，称为 k-means||。该方法通

过对每轮循环中的中心点进行过采样实现了并行化的效果，不过也因此增加了算法的计算复杂度。

k-means++算法的优点在于它可以在对数据没有任何假设的情况下产生最优解的 $O(\log k)$ 的近似[68]。这种理论保证在初始化中心点之后即成立，之后的 Lloyd 算法仅保证最终解的质量不会恶化且可以在有限时间内收敛到局部最优解。在最近的研究中，Wei[70]对 k-means++算法及其所属的 D^l 采样算法类进行分析，指出对于任何的常数因子 $\beta>1$（β 为过采样比率），通过 D^l 采样选择 βk 个聚类中心点可以产生 k 个最优聚类中心点的近似，而且这种近似无须对数据集添加任何假设条件。这将标准 k-means++算法的 $\beta=1$ 情况下 $O(\log k)$ 的保证扩展到了常数因子双准则（constant-factor bi-criteria）制度。此外，Bachem 等[71]提出了对 k-means++算法的加速改进，称为 K-MC^2。该方法使用马尔可夫链蒙特卡罗方法来近似 k-means++，在自然假设可以近似保证的情况下大大降低算法的计算复杂度。不过这种方法所需的自然假设在很多情况下都是不成立的，而且检查其有效性需要昂贵的代价。因此，他们进行了后续的研究并提出了 ASSUMPTION-FREE-K-MC^2 算法[72]，解决了之前方法需要对数据集做出假设的不足。

Qiao 等[73]结合了 k-means++和均值漂移（mean shift）[74]的思想提出一个新算法，该方法首先将数据降维到二维空间，然后采用类似 k-means++的方法选取中心点，最后将簇中心点移动到高密度区域。降维保证了算法初始化中心点的速度，k-means++使得算法可以取得较好的簇中心点初始值，而最终的移动步骤则相当于在二维空间上执行 k-均值。该方法适合处理那些维度较高的数据，既保证了速度，也保证了得到较好的初始簇中心点。

Hartigan 等[26]首先将数据点按照到所有数据的质心（即 $\sum_{i=1}^{n}\boldsymbol{x}_i/n$）的距离排序，然后将第 $\left(1+\dfrac{(i-1)n}{k}\right)$ 个数据点视为第 i 个簇中心点。这个方法可以看成 MacQueen 第一种方法的改进，使得算法不再对数据的顺序敏感，大大提高了初始化结果的可分割性。显然该方法的时间消耗主要在排序上，因此其时间复杂度是$O(n\log n)$。

鲁棒的初始化（robust initialization, ROBIN）方法[75]使用了局部离群因子（local outlier factor，LOF）[76]来避免选中离群点作为簇中心点。该算法迭代进行，在第i次迭代中，首先对数据点按照同已确定的簇中心点的最小距离降序排列，顺序访问数据点直到该数据点的 LOF 值接近 1 时，将该数据点作为第i个簇中心点。该方法的时间消耗依然主要在排序上，时间复杂度是$O(n\log n)$。

Astrahan[77]采用了两个距离阈值d_1和d_2。首先计算每个数据点以d_1为半径的密度，对所有的数据点按照密度进行排序，密度最高的点当成第一个簇中心点。然后按照密度递减的序列选择数据点，当某一个数据点满足和已确定的簇中心点距离大于d_2的要求时，将该点选为下一个簇中心点，直到所有的数据点都不满足要求。最后假设选中的簇中心点超过k个，那么在这些簇中心点集合上执行层次聚类算法，保留k个簇中心点。这个方法的主要问题在于受参数d_1和d_2的影响极大。例如，当d_1的值很小时，将会产生很多的密度为 0 的孤立点，而d_1取值很大时，少量的中心点就会覆盖整个数据集。这个方法的时间复杂度是$O(n^2)$。

在 Astrahan 方法的基础上，Cao 等[78]提出一种基于邻居集合的密度方法。首先，计算每个数据点的ε-邻域，数据点的ε-邻域定义为同该数据的距离不大于ε的数据的集合。在此基础上再定义两个概念：内聚性和耦合性。内聚性用来衡量数据点同其邻居点的集中程度，耦合性表示数据点同其邻居点的分离程度。该方法先对数据按照内聚性的大小降序排列，将内聚性最大的数据点作为第一个簇中心。然后按顺序遍历数据，选择同已确定的簇中心的耦合性大于ε的数据点作为下一个簇中心点。该方法的时间消耗主要在ε-邻域的计算上，即$O(n^2)$。

Kaufman 等[59]提出首先把所有数据的质心作为第一个簇中心，然后每次把最小化 SSE 的那个数据点作为第i个簇中心。由于每次迭代都需要计算两两数据点之间的距离，因此该方法的时间复杂度也是$O(n^2)$。

2. 基于空间划分的初始化方法

Forgy[79]提出将所有的数据点均匀划分到 k 个簇中，然后计算每个簇中的数据点的质心作为初始的簇中心点。这种随机的办法没有什么理论基础，划分到同一个簇的数据也不具有同质性。Späth[80]在 Forgy 方法的基础上，将数据的划分方式变为循环的方式，即第 $j\left(j\in\{1,2,\cdots,n\}\right)$ 个数据点分配给第 $\left((j-1)\bmod K\right)+1$ 个簇，之后仍然是计算每个簇的质心作为初始的簇中心点。相比 Forgy 方法，Späth 方法是数据顺序敏感的。

Al-Daoud 提出一种基于密度的方法[81]，首先将数据的分布空间划分为 M 个不相交的超立方体，然后从第 m 个超立方体中随机地选取 kn_m/n 个数据点（其中 n_m 表示第 m 个超立方体中数据点的数量），最终得到 k 个簇中心点。这个方法存在两个主要的问题，其一，M 值难以确定，其二，算法的空间复杂度太高。

Al-Daoud 在前面方法的基础上又提出一种基于方差的方法[82]，首先选择一个具有最大方差的属性，然后依据这个属性将数据划分成 k 个组，再将簇中心点设置为这些组的中位数。由于该方法在初始化时只关注了数据在某一个维度的分布情况，因此该方法适合用在那些数据的差距基本体现在某一维的情况，而对于其他数据则不那么适合。该算法的时间复杂度是 $O(n\log n)$。

Bradley 等[83]提出首先随机地将数据集划分成 J 个子集，然后使用 MacQueen 的第二种方法对每个子集执行 k-均值聚类，从而产生 J 个子集，每个子集包含 k 个子簇中心点。再将这些子簇中心点组合成一个超集，在这个超集上执行 J 次 k-均值算法，每次采取不同的初始化。最后从 J 次运行结果中选取 SSE 最小的那次，将此次所采用的簇初始化作为最终的簇初始化。

3. 其他初始化方法

PCA-Part 方法[84]使用了基于主成分分析的分裂层次聚类方法。首先将整个数据集视为一个初始的簇，然后选择具有最大 SSE 的那个簇将其划分成两个子簇，划分的超平面经过簇中心并垂直于簇协方差矩阵的主奇异向量，该过程一直迭代直到生成了 k 个簇。簇的中心点自然就是每个簇的质心。Var-Part 方法[84]是

PCA-Part 方法的近似，它假设待划分簇的协方差矩阵是对角阵，此时，划分的超平面垂直于具有最大方差的轴。

Onoda 等[85]提出先计算数据集的 k 个独立成分（independent components，ICs），再将同第 i 个独立成分有最近的余弦距离的数据点作为第 i 个初始簇中心点，从而得到 k 个初始簇中心点。

Redmond 等[86]提出一种结合了密度估计和最大最小化的方法，先根据数据构建用于密度估计的 k-d 树，然后利用修改的最大最小化方法在数据密集的叶子节点中选出 k 个簇中心点。该方法的时间复杂度主要来自 k-d 树的构建，即 $O(n\log n)$。

Lance 等[87]提出层次聚类算法可以用来初始化 k-均值。尽管层次聚类算法的时间复杂度通常和数据量呈二次关系，但是统计方面的文献却对这种方法很是推崇[88]，大概是统计问题所用到的数据集通常比较小。显然，该方法的时间复杂度是 $O(n^2)$。

二元划分方法[89]首先把所有数据的质心作为第一个簇中心，然后在第 $t\left(t\in\{1,2,\cdots,\log_2 k\}\right)$ 次迭代时，所有的 2^{t-1} 个簇中心点都被一分为二形成 2^t 个簇中心，分割方式为簇中心点 $\boldsymbol{c}_i$ 加减一个固定的向量 ϵ 形成两个新的簇中心，即 $\boldsymbol{c}_i+\epsilon$ 和 $\boldsymbol{c}_i-\epsilon$。再利用 k-均值算法对 2^t 个新簇中心的位置进行调整。二元划分方法存在两个主要问题，一是参数 ϵ 的值很难确定，而 ϵ 决定了分割的方向和偏移的大小。二是该方法每次迭代都需要在整个数据集上执行一次 k-均值，计算复杂度较高。为了解决第一个问题，有向搜索二元划分方法[90]使用 PCA 来确定合适的 ϵ 值。但是这却使得时间复杂度的问题更加严重。

2.6 k-均值的典型改进

2.6.1 X-means

X-means[51]是 k-均值算法的一种拓展，主要解决了 k 的设定问题，同时还提高了计算效率。为了找到合适的 k，该算法引入贝叶斯信息准则来对不同的 k 值和具体的划分情况进行打分，最后返回最优的 BIC 值。

X-means 算法的输入是用户定义的 k 值搜索范围$[k_{\min}, k_{\max}]$，算法首先从搜索范围的下界开始，不断地尝试增大 k 值，直到达到 k 值范围的上界。在搜索的过程中，算法主要由两个步骤组成：优化参数、优化结构。

优化参数就是运行传统的 k-均值算法直到其收敛。而优化结构则是尝试对收敛结果中的簇进行分裂，进而观察分裂结果是否能增大 BIC 值。这里 BIC 扮演了模型选择的角色，当分裂结果的 BIC 值大于原来的 BIC 值，则采纳这个分裂，相应的 k 值加 1。

在算法中，需要对每一个簇都执行分裂的过程。分裂的操作方法是在簇质心加减一个向量，从而得到两个新的质心位置，再以这两个质心为 k-均值算法的初始簇中心点，执行 k=2 的 k-均值算法，收敛后计算该簇在分裂前后 BIC 值的变化。

BIC 的评分是由贝叶斯公式得到的。给定数据 D，一系列的可选模型 M_j，这些模型对应着不同的 k 值，BIC 采用后验概率 $P(M_j \mid D)$ 来评价模型。为了近似该后验概率，采用如下的 BIC 公式：

$$\mathrm{BIC}\left(M_j\right)=\hat{l}_j\left(D\right)-\frac{p_j}{2}\log R \tag{2.31}$$

式中，$\hat{l}_j\left(D\right)$ 表示模型 M_j 产生数据 D 的似然概率；p_j 表示模型 M_j 中参数的数量；R 表示数据的数量。即公式前半部分表示模型对数据的似然，后半部分表示模型的先验概率。该公式也被称为施瓦兹准则（Schwarz criterion）。

X-means 算法虽然引入 BIC 作为模型的比较工具从而实现 k 值的选择，但是上述算法显然过于复杂，不适合大数据集的分析，因此 X-means 算法同时引入若干加速方法来实现大数据集的分析。X-means 算法的加速策略由如下几个部分构成：对 k-均值算法的加速、对优化结构的加速以及额外的加速。

对 k-均值算法的加速首先是针对 k-均值算法的单次迭代，该过程需要将每个数据点分配到距离最近的簇中，再根据每个簇中的数据点重新定位簇的质心位置。如果每次对一个数据点进行重分配，显然会造成大量的时间消耗，因此引入 k-d 树来实现对数据的高效索引。k-d 树是一种高维索引树型数据结构，常用于大规模高维数据空间的最近邻或者 k 近邻查找，由于 k-d 树以层次结构重新组织了数据，所以在其构造的时候就可以方便地计算出各种统计量，大大提高了 k-均值算法单次迭代的效率。

给每个簇分配一个计数器，用于存储簇中的数据点数量，以及它们的向量和。现在展示如何通过一次扫描 k-d 树来更新所有的计数器。更新过程是一个递归的过程，接收的参数是一个 k-d 树节点和可能拥有其中的点的簇列表，其任务是使用节点中适当的数据点来更新计数器。初始调用传入的参数是根节点和所有簇的列表。在其返回后，可以根据计数器计算新的簇中心位置。该过程考虑了簇边界以及当前质心位置，从而证明它们不可能拥有当前节点中的任何数据点来从簇列表中删去某些簇。完整的细节以及证明可以在 Pelleg 等的文献[91]中找到。要注意的一点是，在缩小列表之后，该过程会在当前节点的子节点上递归，停止条件是列表只包含一个质心。

对优化结构的加速类似于上述过程。回想一下，在优化结构时，我们在每个维诺区域（Voronoi region）中执行 k=2 的 k-均值算法。我们首先列出父节点的簇列表，并将其用作更新步骤的输入。与全局迭代的区别在于列表减少到单个质心时采取的操作。由于当前节点中的所有数据点都属于单个簇，现在要做的就是划分它们到孩子节点中。为了做到这一点，先简单地创建一个只包含两个孩子的列表，然后递归使用这个列表和当前节点。剩下的工作由更新步骤完成。在对 k-d 树进行全面扫描后（可能修剪许多节点），孩子节点的簇中心计数器完成统计，可以计算出新的中心的位置。之后开始新一轮的迭代，直到所有的簇中心点都更新完成。

额外的加速依据算法执行的特征。局部决策导致的一个有趣结果是，数据空间的一些区域往往变得活跃，即有大量的分裂和重分配发生，而在其他区域，其簇中心点似乎已经找到了真实的位置，出现休眠情况。通过使用先前迭代缓存下的统计信息，我们可以进一步加速算法。考虑一个包含两个簇的决策边界的 k-d 树节点（即两个簇可以拥有该节点下的任意数据点），虽然我们需要继续递归，以便更新簇的计数器，但是在下一次迭代中只要簇中心没有移动，就没有理由再次这样做。因此，我们将该节点的贡献缓存到节点中的簇的计数器上，以减少后续的遍历操作。

X-means 算法是 k-均值算法一种常见的改进型，其对 k-均值存在的问题进行了针对性的优化。该算法的贡献主要有两方面：一是使得 k 值的选取不再需要人工干预；二是对 k-均值算法的加速进行了综合和改进，使得算法处理大数据集的时间消耗在可接受的范围内。

2.6.2 G-means

和 X-means 算法类似，G-means 算法[42]也是一种能自动地确定 k 值的算法，但与前者不同的是，G-means 算法采取的思路是统计学的方法。G-means 算法的基本假设是每个簇都服从高斯分布，在给定数据的子集情况下，G-means 算法利用统计测试的方法检测该数据子集是否满足高斯分布。G-means 算法不断地增大 k 值并运行 k-均值算法，直到统计测试接受 k-均值算法得到的每个簇都是高斯分布的假设。采用统计测试的方法使得 G-means 算法对于协方差矩阵没有限制，并且也不用计算出完整的协方差矩阵。G-means 算法只需要设置一个参数，即标准统计显著水平 α 。

G-means 算法从很小的 k 值开始迭代，每次迭代先执行 k-均值算法，对得到的那些簇是否服从高斯分布进行假设检验，如果不满足则将该簇一分为二，同时增大 k 值。初始的 k 值可以设为 1，或者在已有先验知识的情况下，可以选择更大的初始 k 值。G-means 需要多次执行 k-均值算法，当实际的簇数量为 k 时，至多需要执行 k 次 k-均值算法，因此其时间复杂度是 k-均值算法的 $O(k)$ 倍。G-means 算法流程见算法 2.1。

算法 2.1　G-means 算法

输入：带聚类数据集 X，统计显著水平 α

输出：聚类结果

1　设 C 表示初始的簇中心集合

2　$C \leftarrow \text{kmeans}(C, X)$

3　设 $\{x_i \mid \text{class}(x_i) = j\}$ 表示分配到簇中心 c_j 的数据点集合

4　使用假设检验检查每个簇 $\{x_i \mid \text{class}(x_i) = j\}$ 是否符合高斯分布（置信度 α）

5　如果数据满足高斯分布，保留 c_j，否则使用两个簇中心来代替 c_j

6　转至步骤 2 直到没有新的数据点加入

上述的 G-means 算法还差最后也是最重要的部分，即数据是否满足高斯分布的假设检验。依假设检验的步骤，首先给出两个假设。

（1）H_0：在簇中心点周围分布的数据是从高斯分布采样得到的。

（2）H_1：在簇中心点周围分布的数据不是从高斯分布采样得到的。

如果接受空假设 H_0，意味着我们认为一个簇是足以描述这些数据的，即这些数据不应该再被划分。当 H_0 被拒绝而 H_1 被接受，则意味这一个簇不足以描述这些数据，此时应该利用更多的簇来描述这些数据。

G-means 算法的假设检验是基于 Anderson-Darling 统计量[92]的。该统计量是一维检验，并被认为是基于经验累积分布函数的最有效的正态检验。给定一系列均值为 0、方差为 1 的值 x_i，设 $x_{(i)}$ 表示排序后第 i 个值，$z_i = F\left(x_{(i)}\right)$，$F$ 是 $N(0,1)$ 的累积分布函数，那么该统计量表示为

$$A^2(Z) = -\frac{1}{n}\sum_{i=1}^{n}(2i-1)\left(\log(z_i) + \log(1 - z_{n+1-i})\right) - n \tag{2.32}$$

当分布的参数都是从数据中估计得到时，需要将该统计量修正为

$$A_*^2(Z) = A^2(Z)\left(1 + \frac{4}{n} - \frac{25}{n^2}\right)$$

给定数据集 X 中属于簇 $\boldsymbol{c}$ 的那些数据，假设检验依以下步骤进行：

（1）为假设检验选定一个显著水平 α。

（2）初始化两个簇中心，称之为$\boldsymbol{c}$的孩子，具体方式见下文。

（3）在这两个簇中心执行$k=2$的k-均值算法，假设算法收敛后得到两个新的簇中心$\boldsymbol{c}_1$和$\boldsymbol{c}_2$。

（4）设$\boldsymbol{v}=\boldsymbol{c}_1-\boldsymbol{c}_2$是连通了两个簇的$d$维向量，显然该向量方向是k-均值算法认为对聚类这些数据的重要方向。再将X投影到$\boldsymbol{v}$方向：$x_i'=\dfrac{\langle \boldsymbol{x}_i,\boldsymbol{v}\rangle}{\|\boldsymbol{v}\|^2}$，此时$X'$是原始数据在$\boldsymbol{v}$方向的一维表示，最后转换$X'$使得其均值为0，方差为1。

（5）设$z_i=F\left(x'_{(i)}\right)$。如果$A_*^2(Z)$在置信水平$\alpha$下非临界值范围内，那么接受$H_0$，即保留初始的簇中心，否则拒绝$H_0$，用$\{\boldsymbol{c}_1,\boldsymbol{c}_2\}$代替之前的簇中心。

至于假设检验的显著水平α的设置，涉及Ⅰ类错误（即H_0是正确的，但被错误地拒绝）的控制。应该利用Bonferroni校正[93]来减小多次检测时犯Ⅰ类错误的可能性。例如，当我们想要将100次检验下犯Ⅰ类错误的可能性控制在0.01，那么根据Bonferroni校正，应该设置$\alpha=0.01/100=0.0001$。当算法返回k个簇时，意味着需要做k次假设检验。

假设检验步骤中还遗留了一个问题，即如何初始化两个孩子簇中心。G-means算法提供两个初始化方法，两个方法都是利用$\boldsymbol{c}\pm\boldsymbol{m}$的方式，其中$\boldsymbol{c}$是原始的簇中心，而$\boldsymbol{m}$待确定。第一种方法是随机生成$\boldsymbol{m}$，并保证$\|\boldsymbol{m}\|$相比数据分布的范围是较小的值。第二种方法是计算数据的主成分$\boldsymbol{s}$（对应的奇异值为λ），令$\boldsymbol{m}=\boldsymbol{s}\sqrt{2\lambda/\pi}$。该方法是对新的簇中心位置进行了粗略的估计，相较而言，第二种初始化方法更佳。主成分的计算需要$O\left(nd^2+d^3\right)$的时间和$O\left(d^2\right)$的空间，但是这里只需要计算最大的主成分，因此可以采用幂法等更快的方法。

G-means算法最大的贡献在于利用假设检验的方法来自动地确定数据中的簇数量，算法唯一的参数是假设检验的显著水平，而该参数只需要按标准的方式进行设置。该算法的时间和空间复杂度同数据点的数量和其维度呈线性关系。同时，G-means算法也存在一些问题，首先，该算法假设所有的簇中的数据是从高斯分布中采样得到，这意味着算法的应用范围受到很大的限制，该算法很难正确地处理非椭球形的簇数据（如月牙形），这是该算法所存在的根本问题。另外，当数据中簇数量很多的时候，G-means 算法往往需要很多次的分裂，造成时间的消耗。

2.7 k-均值与其他方法的等价性

k-均值同诸多的方法都存在等价性或者很强的相关性，最为人所知的即混合模型，当假设混合模型中簇的分布是高斯分布并且不存在相关性的时候，就可以推出 k-均值与混合模型是等价的。探究这些等价性对这些方法的理解和融会贯通具有很好的帮助，这一节将给出 k-均值与其他方法的等价性并尽可能地给出证明。

由于 k-均值可以由矩阵分解角度进行解释，而矩阵分解是很多相关方法的基础，因此这些方法都存在很强的关联性。表 2.1 对比了多个基于矩阵分解的方法，这些方法都是将一个数据矩阵分解成两个矩阵的乘积，但是不同的方法对分解后的矩阵有不同的约束。这些方法在特定条件下都存在很强的相关性甚至等价性。

表 2.1 多个基于矩阵分解的方法比较（$\boldsymbol{CW} \approx \boldsymbol{X}$ 形式）

方法	约束
主成分分析/奇异值分解	无
线性回归	$\boldsymbol{C}$ 固定
k-均值	所有 $\boldsymbol{w}_i$ 限制为标准基向量
推荐系统	索引集 Ω 的项已知，即 $(\boldsymbol{CW})_\Omega = (\boldsymbol{X})_\Omega$
非负矩阵分解	$\boldsymbol{C}$ 和 $\boldsymbol{W}$ 同时非负
稀疏编码	每个 $\boldsymbol{w}_i$ 容许 k 个非 0 项，且 $\boldsymbol{C}$ 的列具有单位长度

在接下来的四个小节中，将证明 k-均值与其他方法之间的等价性关系，表 2.2 列出了这些方法和等价性成立的条件。混合模型、主成分分析都是聚类和数据处理领域较经典的方法，而非负矩阵分解也被证明是一种高效聚类算法，这些方法在理论上的等价能指导人们更好地利用这些方法。

表 2.2 k-均值与其他方法的等价性

方法	等价条件
混合模型	簇分布是高斯分布并且不存在相关性时二者等价
非负矩阵分解	正交非负矩阵分解与 k-均值等价
主成分分析	主成分是 k-均值算法中数据点划分结果的连续表达
数学规划	k-均值算法可重定义为一个局部最优解可求的非凸数学规划问题

2.7.1 混合模型

混合模型[94]假设数据来自一个混合的潜在概率分布，其中包含未知的隐变量，需由模型中的其他变量间接表示。对于一个混合模型，其概率密度函数可以定义如下：

$$f=\sum_{k=1}^{K}\alpha_k f_k \tag{2.33}$$

式中，α_k 为第 k 个分布的权重；f_k 为第 k 个分布的概率密度函数。权重系数加上约束使得其加和为 1，而概率密度可以采用高斯分布的概率密度或者伯努利分布的概率密度等。混合模型可以视为一个包含 k 个簇的模型。令 $p(k|\boldsymbol{x})=\alpha_k f_k(\boldsymbol{x})/\sum\alpha_k f_k(\boldsymbol{x})$ 表示数据点 $\boldsymbol{x}$ 属于第 k 个簇的后验概率。混合模型可以表示如下：

$$f(\boldsymbol{x})=\sum\alpha_k f_k(\boldsymbol{x},\theta_k) \tag{2.34}$$

式中，θ_k 是第 k 个分布相关的参数。要求解这类参数估计问题，通常采用期望最大化（EM）算法[7]对其最大似然函数进行求解，求解过程在此不展开叙述。

在诸多混合模型中，使用最为广泛的是高斯混合模型[95]。对于多元随机变量 $\boldsymbol{x}\in R^d$，其服从的高斯分布为

$$f_k(\boldsymbol{x}\mid\boldsymbol{\mu},\boldsymbol{\Sigma})=\frac{1}{(2\pi)^{d/2}|\boldsymbol{\Sigma}|^{1/2}}\exp\left[-\frac{1}{2}(\boldsymbol{x}-\boldsymbol{\mu})^{\mathrm{T}}\boldsymbol{\Sigma}^{-1}(\boldsymbol{x}-\boldsymbol{\mu})\right] \tag{2.35}$$

式中，$\boldsymbol{\mu}$ 是 d 维的均值向量；$\boldsymbol{\Sigma}\in R^{d\times d}$ 是协方差矩阵，$|\boldsymbol{\Sigma}|$ 是 $\boldsymbol{\Sigma}$ 的行列式。当式（2.35）中的协方差矩阵为单位阵，即分布变为式（2.36）时，混合模型退化为

k-均值算法[96]。也就是说，当一个有限混合模型的簇产生于多值高斯分布并且其协方差矩阵和单位阵成正比时，该混合模型就等价于 k-均值。

$$f_k(\boldsymbol{x}) = (2\pi)^{-p/2} \exp\left\{-\frac{1}{2}(\boldsymbol{x}-\boldsymbol{\mu}_k)'(\boldsymbol{x}-\boldsymbol{\mu}_k)\right\} \tag{2.36}$$

2.7.2 非负矩阵分解

非负矩阵分解[97]是一种将非负矩阵分解成两个非负子矩阵的方法。非负矩阵分解相比传统矩阵分解技术的优势在于它在处理非负矩阵的分解时，可以保证分解后的子矩阵的非负性，这种特性使得许多不能包含负值数据的问题得到处理。Ding 等[98]证明了正交非负矩阵分解和 k-均值方法的等价性，给出了 k-均值算法的目标公式：

$$\min J = \sum_{u=1}^{k}\sum_{i\in C_u}\left\|\boldsymbol{x}_i - \boldsymbol{m}_u\right\|_F^2 = \sum_{i=1}^{n}\left\|\boldsymbol{x}_i\right\|^2 - \sum_{u=1}^{k}\frac{1}{n_u}\sum_{i,j\in C_u}\boldsymbol{x}_i^{\mathrm{T}}\boldsymbol{x}_j \tag{2.37}$$

式中，$\boldsymbol{X}=\{\boldsymbol{x}_1,\boldsymbol{x}_2,\cdots,\boldsymbol{x}_n\}$ 是数据矩阵；$\boldsymbol{m}_u = \sum_{i\in C_u}\boldsymbol{x}_i / n_u$ 是第 u 个簇 C_u 的中心点；n_u 为簇 C_u 中数据点的个数。聚类的结果可以用 k 个非负的指示向量来表示，即

$$\boldsymbol{H} = (\boldsymbol{h}_1,\boldsymbol{h}_2,\cdots,\boldsymbol{h}_k),\ \boldsymbol{h}_i^{\mathrm{T}}\boldsymbol{h}_j = \delta_{ij} \tag{2.38}$$

式中，$\boldsymbol{h}_i = \left(0,\cdots,0,\overbrace{1,\cdots,1}^{n_i},0,\cdots,0\right)^{\mathrm{T}} \Big/ n_i^{1/2}$。将式（2.38）代入式（2.37），可得

$$\min J = \mathrm{tr}\left(\boldsymbol{X}^{\mathrm{T}}\boldsymbol{X}\right) - \mathrm{tr}\left(\boldsymbol{H}^{\mathrm{T}}\boldsymbol{X}^{\mathrm{T}}\boldsymbol{X}\boldsymbol{H}\right),\ \text{s.t.}\ \boldsymbol{H}^{\mathrm{T}}\boldsymbol{H} = \boldsymbol{I} \tag{2.39}$$

正交非负矩阵分解方法的优化目标公式为

$$\min_{\boldsymbol{A},\boldsymbol{B}\geqslant 0} J = \left\|\boldsymbol{X} - \boldsymbol{A}\boldsymbol{B}^{\mathrm{T}}\right\|_F^2,\ \ \text{s.t.}\ \boldsymbol{B}^{\mathrm{T}}\boldsymbol{B} = \boldsymbol{I} \tag{2.40}$$

有

$$J = \left\|\boldsymbol{X} - \boldsymbol{A}\boldsymbol{B}^{\mathrm{T}}\right\|_F^2 = \mathrm{tr}\left(\boldsymbol{X}^{\mathrm{T}}\boldsymbol{X} - 2\boldsymbol{X}^{\mathrm{T}}\boldsymbol{A}\boldsymbol{B}^{\mathrm{T}} + \boldsymbol{B}\boldsymbol{A}^{\mathrm{T}}\boldsymbol{A}\boldsymbol{B}^{\mathrm{T}}\right) \tag{2.41}$$

对 $\boldsymbol{A}$ 求偏导可得 $\partial J/\partial\boldsymbol{A}=-2\boldsymbol{XB}+2\boldsymbol{A}=0$，即 $\boldsymbol{A}=\boldsymbol{XB}$，因此公式（2.41）转化为

$$\min J=\operatorname{tr}\left(\boldsymbol{X}^{\mathrm{T}}\boldsymbol{X}\right)-\operatorname{tr}\left(\boldsymbol{B}^{\mathrm{T}}\boldsymbol{X}^{\mathrm{T}}\boldsymbol{XB}\right),\ \text{s.t.}\ \boldsymbol{B}^{\mathrm{T}}\boldsymbol{B}=\boldsymbol{I} \tag{2.42}$$

可知公式（2.42）与公式（2.39）等价，因此得证正交非负矩阵分解与 k-均值算法等价。

2.7.3 主成分分析

主成分分析是一种广泛使用的无监督降维技术。Ding 等[99]证明了主成分是 k-均值算法中数据点划分结果的连续表达。换句话说，PCA 降维时自动地根据 k-均值的目标函数执行了数据聚类的过程。

设 $\boldsymbol{X}$ 表示原始的数据矩阵，$\boldsymbol{Y}=\{\boldsymbol{y}_1,\boldsymbol{y}_2,\cdots,\boldsymbol{y}_n\}$ 表示中心化后的数据矩阵，$\boldsymbol{y}_i=\boldsymbol{x}_i-\bar{\boldsymbol{x}}$，$\bar{\boldsymbol{x}}=\sum_i\boldsymbol{x}_i/n$。协方差矩阵是 $\sum_i\left(\boldsymbol{x}_i-\bar{\boldsymbol{x}}\right)\left(\boldsymbol{x}_i-\bar{\boldsymbol{x}}\right)^{\mathrm{T}}=\boldsymbol{YY}^{\mathrm{T}}$。主方向 $\boldsymbol{u}_k$ 和主成分 $\boldsymbol{v}_k$ 是满足以下公式的奇异向量：

$$\boldsymbol{YY}^{\mathrm{T}}\boldsymbol{u}_k=\lambda_k\boldsymbol{u}_k,\boldsymbol{Y}^{\mathrm{T}}\boldsymbol{Yv}_k=\lambda_k\boldsymbol{v}_k,\ \boldsymbol{v}_k=\boldsymbol{Y}^{\mathrm{T}}\boldsymbol{u}_k/\lambda_k^{\frac{1}{2}} \tag{2.43}$$

$\boldsymbol{Y}$ 定义为 $\boldsymbol{Y}=\sum_k\lambda_k^{\frac{1}{2}}\boldsymbol{u}_k\boldsymbol{v}_k^{\mathrm{T}}$。

下面考虑简单的双向聚类（2-way clustering）问题，当 $K=2$ 时，设

$$d\left(C_k,C_l\right)=\sum_{i\in C_k}\sum_{j\in C_l}\left(\boldsymbol{x}_i-\boldsymbol{x}_j\right)^2 \tag{2.44}$$

是两个簇 C_k 和 C_l 的簇间距离。由 k-均值的目标函数可以推出

$$J_K=\text{SSE}=\sum_{k=1}^{K}\sum_{i,j\in C_k}\frac{\left(\boldsymbol{x}_i-\boldsymbol{x}_j\right)^2}{2n_k}=n\overline{y^2}-\frac{1}{2}J_D \tag{2.45}$$

和

$$J_D=\frac{n_1n_2}{n}\left[2\frac{d\left(c_1,c_2\right)}{n_1n_2}-\frac{d\left(c_1,c_1\right)}{n_1^2}-\frac{d\left(c_2,c_2\right)}{n_2^2}\right] \tag{2.46}$$

式中，$\overline{y^2}=\sum_i\boldsymbol{y}_i^{\mathrm{T}}\boldsymbol{y}_i/n$ 是常量。因而 J_K 的最小化问题就等价于 J_D 的最大化问题。

进一步可以证明

$$\frac{d(c_1,c_2)}{n_1 n_2}=\frac{d(c_1,c_1)}{n_1^2}+\frac{d(c_2,c_2)}{n_2^2}+(\mu_1-\mu_2)^2 \tag{2.47}$$

将式（2.47）代入式（2.46）中，可以看出 J_D 始终为正。

注意到式（2.46）的 J_D 中第一项表示代表最大化簇间距离，这使得聚类结果中簇互相远离。而第二项和第三项代表最小化平均簇内距离，这使得聚类得到的每个簇显得更加紧密。因子 $n_1 n_2$ 使得簇的大小趋于平衡，由于 $J_D>0$，只考虑因子时，最大化 J_D 会导致 $n_1=n_2=n/2$。

定理 2.1 对于 k-均值算法，当 $K=2$ 时，其主成分 $\boldsymbol{v}_1$ 就是簇指示向量的连续形式，即簇 C_1 和 C_2 为

$$C_1=\{i \mid \boldsymbol{v}_1(i)\leqslant 0\},\quad C_2=\{i \mid \boldsymbol{v}_1(i)>0\} \tag{2.48}$$

k-均值目标函数的最优值满足

$$n\overline{y^2}-\lambda_1<J_{K=2}<n\overline{y^2} \tag{2.49}$$

证明：考虑距离矩阵 $\boldsymbol{D}=(d_{ij})$，其中 $d_{ij}=\|\boldsymbol{x}_i-\boldsymbol{x}_j\|^2$，设簇指示向量为

$$q(i)=\begin{cases}\sqrt{n_2/nn_1}, & 当 i\in C_1\\ -\sqrt{n_1/nn_2}, & 当 i\in C_2\end{cases} \tag{2.50}$$

该指示向量满足加和为 0 和归一化的条件，即 $\sum_i q(i)=0$，$\sum_i q^2(i)=1$。显然 $\boldsymbol{q}^{\mathrm{T}}\boldsymbol{D}\boldsymbol{q}=-J_D$。如果放松对 $\boldsymbol{q}$ 的限制，将只能二取一改成 $\boldsymbol{q}$ 可以取[−1,1]内的所有值，那么 $J(\boldsymbol{q})=\boldsymbol{q}^{\mathrm{T}}\boldsymbol{D}\boldsymbol{q}/\boldsymbol{q}^{\mathrm{T}}\boldsymbol{q}$ 的解就是 $\boldsymbol{D}\boldsymbol{z}=\lambda\boldsymbol{z}$ 的最小奇异值。

对 $\boldsymbol{q}$ 的一个更好的松弛方法是利用中心化的距离矩阵 $\hat{\boldsymbol{D}}$，即对每个距离减去行列的均值。设 $\hat{\boldsymbol{D}}=(\hat{d}_{ij})$，其中

$$\hat{d}_{ij}=d_{ij}-\frac{d_{i\cdot}}{n}-\frac{d_{\cdot j}}{n}+\frac{d_{\cdot\cdot}}{n^2} \tag{2.51}$$

式中，$d_{i\cdot}=\sum_j d_{ij}$；$d_{\cdot j}=\sum_i d_{ij}$；$d_{\cdot\cdot}=\sum_{ij} d_{ij}$。此时，由于在 $\boldsymbol{q}^{\mathrm{T}}\hat{\boldsymbol{D}}\boldsymbol{q}$ 中式（2.51）的第 2,3,4 项最后化为 0，因此 $\boldsymbol{q}^{\mathrm{T}}\hat{\boldsymbol{D}}\boldsymbol{q}=\boldsymbol{q}^{\mathrm{T}}\boldsymbol{D}\boldsymbol{q}=-J_D$。所以，要求的簇指示向量即 $\hat{\boldsymbol{D}}\boldsymbol{z}=\lambda\boldsymbol{z}$ 的最小奇异值对应的奇异向量。

中心化的距离矩阵 $\hat{\boldsymbol{D}}$ 有一个性质，其每一行（列）加和为 0，即 $\sum_i \hat{d}_{ij} = 0$（$\forall j$）。因此 $\boldsymbol{e} = (1,1,\cdots,1)^{\mathrm{T}}$ 是 $\hat{\boldsymbol{D}}$ 的特征向量，对应的奇异值为 $\lambda = 0$。又因为 $\hat{\boldsymbol{D}}$ 所有的奇异向量都同 $\boldsymbol{e}$ 正交，即 $\boldsymbol{z}^{\mathrm{T}}\boldsymbol{e} = 0$，因而 $\hat{\boldsymbol{D}}$ 的奇异向量有加和为 0 的性质，即 $\sum_i z(i) = 0$，这也是初始的指示向量所需要满足的性质。然而，$\boldsymbol{D}\boldsymbol{z} = \lambda \boldsymbol{z}$ 的奇异向量不具有此性质。

易知 $d_{i\cdot} = n\boldsymbol{x}_i^2 + n\overline{\boldsymbol{x}^2} - 2n\boldsymbol{x}_i^{\mathrm{T}}\overline{\boldsymbol{x}}$，$d_{\cdot\cdot} = 2n^2\overline{y^2}$，将其代入式（2.51），得到

$$d_{ij} = -2\left(\boldsymbol{x}_i - \overline{\boldsymbol{x}}\right)^{\mathrm{T}}\left(\boldsymbol{x}_j - \overline{\boldsymbol{x}}\right)$$

即 $\hat{\boldsymbol{D}} = -2\boldsymbol{Y}^{\mathrm{T}}\boldsymbol{Y}$。因此，格拉姆矩阵（Gram matrix）$\boldsymbol{Y}^{\mathrm{T}}\boldsymbol{Y}$ 最大的奇异值对应的奇异向量就是聚类指示向量的连续形式。显然有 $J_D < 2\lambda_1$，其中 λ_1 表示协方差矩阵的主奇异值。利用式（2.45）就可以得到 J_K 的边界。

上述的证明只是针对 $K = 2$ 的情况，$K > 2$ 的证明读者有兴趣可以参见原论文[99]。

2.7.4 数学规划

k-均值方法可以重新定义为一个局部最优解不一定是全局最优解的非凸数学规划问题[22,100]。Fisher[101]提供了一种动态规划算法，用于在一维情况下最优化式（2.6），Jensen[102]将 Fisher 的公式扩展到多个维度。然而，由于需要进行评估的数据量（$n \times d$）太大，其在计算上是不可行的。Rao[103]为此优化问题提供了一个整数规划公式，Diehr[104]提供了二次规划公式。Gordon 等[105]指出，最小化式（2.6）的问题是一个无约束的最小化问题。

参 考 文 献

[1] Jain A K. Data clustering: 50 years beyond k-means[J]. Pattern Recognition Letters, 2010, 31(8): 651-666.

[2] 张宪超. 数据聚类[M]. 北京: 科学出版社, 2017: 3-4.

[3] Guha S, Rastogi R, Shim K. CURE: an efficient clustering algorithm for large databases[J]. ACM Sigmod Record, 1998, 27(2): 73-84.

[4] Zhang T, Ramakrishnan R, Livny M. BIRCH: an efficient data clustering method for very large databases[J]. ACM Sigmod Record, 1996, 25(2): 103-114.

[5] Ester M, Kriegel H P, Sander J, et al. A density-based algorithm for discovering clusters in large spatial databases with noise[C]//ACM SIGKDD International Conference on Knowledge Discovery and Data Mining(KDD), Portland, Oregon, USA, 1996: 226-231.

[6] Ankerst M, Breunig M M, Kriegel H P, et al. OPTICS: ordering points to identify the clustering structure [C]//ACM SIGMOD International Conference on Management of Data(SIGMOD), Philadelphia, Pennsylvania, USA, 1999: 49-60.

[7] Dempster A P, Laird N M, Rubin D B. Maximum likelihood from incomplete data via the EM algorithm[J]. Journal of the Royal Statistical Society: Series B, 1977, 39(1): 1-38.

[8] Arabie P, Carroll J D, DeSarbo W S, et al. Overlapping clustering: a new method for product positioning[J]. Journal of Marketing Research, 1981, 18(3): 310-317.

[9] Xie X L, Beni G. A validity measure for fuzzy clustering[J]. IEEE Transactions on Pattern Analysis and Machine Intelligence, 1991, 13(8): 841-847.

[10] Hoffmann N, Ebert F, Likos C N, et al. Partial clustering in binary two-dimensional colloidal suspensions[J]. Physical Review Letters, 2006, 97(7): 078301.

[11] Celebi M E, Kingravi H A, Vela P A. A comparative study of efficient initialization methods for the k-means clustering algorithm[J]. Expert Systems With Applications, 2013, 40(1): 200-210.

[12] Lloyd S. Least squares quantization in PCM[J]. IEEE Transactions on Information Theory, 1982, 28(2): 129-137.

[13] Mahajan M, Nimbhorkar P, Varadarajan K. The planar k-means problem is NP-hard[C]// International Workshop on Algorithms and Computation. Berlin, Heidelberg: Springer, 2009: 274-285.

[14] Bottou L, Bengio Y. Convergence properties of the k-means algorithms[C]//Advances in Neural Information Processing Systems, 1995: 585-592.

[15] Jain A K, Murty M N, Flynn P J. Data clustering: a review[J]. ACM Computing Surveys (CSUR), 1999, 31(3): 264-323.

[16] Ng A Y, Jordan M I, Weiss Y. On spectral clustering: analysis and an algorithm[C]//Advances in Neural Information Processing Systems, 2002: 849-856.

[17] Kanungo T, Mount D M, Netanyahu N S, et al. An efficient k-means clustering algorithm: analysis and implementation[J]. IEEE Transactions on Pattern Analysis and Machine Intelligence, 2002, 24(7): 881-892.

[18] Hamerly G. Making k-means even faster[C]//Proceedings of the 2010 SIAM International Conference on Data Mining. Society for Industrial and Applied Mathematics, 2010: 130-140.

[19] Chen T W, Chien S Y. Bandwidth adaptive hardware architecture of K-means clustering for video analysis[J]. IEEE Transactions on Very Large Scale Integration(VLSI) Systems, 2010, 18(6): 957-966.

[20] Ordonez C, Omiecinski E. Efficient disk-based K-means clustering for relational databases[J]. IEEE Transactions on Knowledge and Data Engineering, 2004, 16(8): 909-921.

[21] Cui X L, Zhu P F, Yang X, et al. Optimized big data K-means clustering using MapReduce[J]. The Journal of Supercomputing, 2014, 70(3): 1249-1259.

[22] Selim S Z, Ismail M A. K-means-type algorithms: a generalized convergence theorem and characterization of local optimality[J]. IEEE Transactions on Pattern Analysis and Machine Intelligence, 1984(1): 81-87.

[23] Meilă M. The uniqueness of a good optimum for k-means[C]//Proceedings of the 23rd International Conference on Machine Learning, 2006: 625-632.

[24] Agarwal P K, Har-Peled S, Varadarajan K R. Geometric approximation via coresets[J]. Combinatorial and Computational Geometry, 2005, 52: 1-30.

[25] Har-Peled S, Kushal A. Smaller coresets for k-median and k-means clustering[J]. Discrete & Computational Geometry, 2007, 37(1): 3-19.

[26] Hartigan J A, Wong M A. Algorithm AS 136: a k-means clustering algorithm[J]. Journal of the Royal Statistical Society. Series C(Applied Statistics), 1979, 28(1): 100-108.

[27] Telgarsky M, Vattani A. Hartigan's method: k-means clustering without Voronoi[C]// Proceedings of the Thirteenth International Conference on Artificial Intelligence and Statistics, 2010: 820-827.

[28] Inaba M, Katoh N, Imai H. Applications of weighted Voronoi diagrams and randomization to variance-based k-clustering[C]//Proceedings of the Tenth Annual Symposium on Computational Geometry, 1994: 332-339.

[29] Har-Peled S, Sadri B. How fast is the k-means method?[J]. Algorithmica, 2005, 41(3): 185-202.

[30] Arthur D, Vassilvitskii S. How slow is the k-means method?[C]//Proceedings of the Twenty-Second Annual Symposium on Computational Geometry, 2006: 144-153.

[31] Vattani A. K-means requires exponentially many iterations even in the plane[J]. Discrete & Computational Geometry, 2011, 45(4): 596-616.

[32] Arthur D, Manthey B, Röglin H. K-means has polynomial smoothed complexity[C]// Foundations of Computer Science, 2009: 405-414.

[33] Manthey B, Röglin H. Improved smoothed analysis of the k-means method[C]//Proceedings of the Twentieth Annual ACM-SIAM Symposium on Discrete Algorithms. Society for Industrial and Applied Mathematics, 2009: 461-470.

[34] Arthur D, Manthey B, Röglin H. Smoothed analysis of the k-means method[J]. Journal of the ACM(JACM), 2011, 58(5): 19.

[35] Vendramin L, Campello R J G B, Hruschka E R. Relative clustering validity criteria: a comparative overview[J]. Statistical Analysis and Data Mining: the ASA Data Science Journal, 2010, 3(4): 209-235.

[36] Mao J, Jain A K. A self-organizing network for hyperellipsoidal clustering(HEC)[J]. IEEE Transactions on Neural Networks, 1996, 7(1): 16-29.

[37] Zhang J S, Leung Y W. Robust clustering by pruning outliers[J]. IEEE Transactions on Systems, Man, and Cybernetics, Part B(Cybernetics), 2003, 33(6): 983-998.

[38] Celebi M E. Improving the performance of k-means for color quantization[J]. Image and Vision Computing, 2011, 29(4): 260-271.

[39] Gierl H, Schwanenberg S. A comparison of traditional segmentation methods with segmentation based upon artificial neural networks by means of conjoint data from a Monte-Carlo-simulation[M]//Classification, Data Analysis, and Data Highways. Berlin, Heidelberg: Springer, 1998: 385-392.

[40] Gower J C. Generalized procrustes analysis[J]. Psychometrika, 1975, 40(1): 33-51.

[41] Thorndike R L. Who belongs in the family?[J]. Psychometrika, 1953, 18(4): 267-276.

[42] Hamerly G, Elkan C. Learning the k in k-means[C]//Proceedings of Conference and Workshop on Neural Information Processing Systems, Denver, CO, USA, 2003: 281-288.

[43] Kalogeratos A, Likas A. Dip-means: an incremental clustering method for estimating the number of clusters[C]//Advances in Neural Information Processing Systems, 2012: 2393-2401.

[44] Tibshirani R, Walther G, Hastie T. Estimating the number of clusters in a data set via the gap statistic[J]. Journal of the Royal Statistical Society: Series B, 2001, 63(2): 411-423.

[45] Cheeseman P C, Self M, Kelly J, et al. Bayesian classification[C]//Proceedings of Association for the Advancement of Artificial Intelligence, 1988: 607-611.

[46] Diebolt J, Robert C P. Estimation of finite mixture distributions through Bayesian sampling[J]. Journal of the Royal Statistical Society: Series B, 1994, 56(2): 363-375.

[47] Bozdogan H. Model selection and Akaike's information criterion(AIC): the general theory and its analytical extensions[J]. Psychometrika, 1987, 52(3): 345-370.

[48] Anderson D R, Burnham K P, White G C. Comparison of Akaike information criterion and consistent Akaike information criterion for model selection and statistical inference from capture-recapture studies[J]. Journal of Applied Statistics, 1998, 25(2): 263-282.

[49] Barron A, Rissanen J, Yu B. The minimum description length principle in coding and modeling[J]. IEEE Transactions on Information Theory, 1998, 44(6): 2743-2760.

[50] Tamura Y, Sato T, Ooe M, et al. A procedure for tidal analysis with a Bayesian information criterion[J]. Geophysical Journal International, 1991, 104(3): 507-516.

[51] Pelleg D, Moore A W. X-means: extending k-means with efficient estimation of the number of clusters[C]//Proceedings of the 17th International Conference on Machine Learning, 2000: 727-734.

[52] MacQueen J. Some methods for classification and analysis of multivariate observations[C]// Proceedings of the Fifth Berkeley Symposium on Mathematical Statistics and Probability, 1967: 281-297.

[53] Anderberg M R. Cluster analysis for applications[M]//Probability & Mathematical Statistics. New York: Academic Press, 1973: 347-353.

[54] Ball G, Hall Dj I. Isodata, a novel method of data analysis and pattern classification[R]. Stanford research inst Menlo Rark CA, 1965.

[55] Dubes R, Jain A K. Clustering techniques: the user's dilemma[J]. Pattern Recognition, 1976, 8(4): 247-260.

[56] Makarenkov V, Legendre P. Optimal variable weighting for ultrametric and additive trees and k-means partitioning: methods and software[J]. Journal of Classification, 2001, 18(2): 245-271.

[57] Caliński T, Harabasz J. A dendrite method for cluster analysis[J]. Communications in Statistics-theory and Methods, 1974, 3(1): 1-27.

[58] Davies D L, Bouldin D W. A cluster separation measure[J]. IEEE Transactions on Pattern Analysis and Machine Intelligence, 1979(2): 224-227.

[59] Kaufman L, Rousseeuw P J. Finding Groups in Data: An Introduction to Cluster Analysis[M]. Yankee Ferry: John Wiley & Sons, 2009.

[60] Smyth P. Clustering using Monte Carlo cross-validation[C]//KDD, 1996: 26-133.

[61] Lange T, Roth V, Braun M L, et al. Stability-based validation of clustering solutions[J]. Neural Computation, 2004, 16(6): 1299-1323.

[62] Wang J. Consistent selection of the number of clusters via crossvalidation[J]. Biometrika, 2010, 97(4): 893-904.

[63] Krieger A M, Green P E. A cautionary note on using internal cross validation to select the number of clusters[J]. Psychometrika, 1999, 64(3): 341-353.

[64] Jancey R C. Multidimensional group analysis[J]. Australian Journal of Botany, 1966, 14(1): 127-130.

[65] Ball G H, Hall D J. A clustering technique for summarizing multivariate data[J]. Systems Research and Behavioral Science, 1967, 12(2): 153-155.

[66] Gonzalez T F. Clustering to minimize the maximum intercluster distance[J]. Theoretical Computer Science, 1985, 38: 293-306.

[67] Katsavounidis I, Kuo C C J, Zhang Z. A new initialization technique for generalized Lloyd iteration[J]. IEEE Signal Processing Letters, 1994, 1(10): 144-146.

[68] Arthur D, Vassilvitskii S. K-means++: the advantages of careful seeding[C]//Proceedings of the Eighteenth Annual ACM-SIAM Symposium on Discrete Algorithms. Society for Industrial and Applied Mathematics, 2007: 1027-1035.

[69] Bahmani B, Moseley B, Vattani A, et al. Scalable k-means++[J]. Proceedings of the VLDB Endowment, 2012, 5(7): 622-633.

[70] Wei D. A constant-factor bi-criteria approximation guarantee for k-means++[C]//Advances in Neural Information Processing Systems, 2016: 604-612.

[71] Bachem O, Lucic M, Hassani S H, et al. Approximate k-means++ in sublinear time[C]// Proceedings of Association for the Advancement of Artificial Intelligence, 2016: 1459-1467.

[72] Bachem O, Lucic M, Hassani H, et al. Fast and provably good seedings for k-means[C]// Advances in Neural Information Processing Systems, Barcelona, 2016: 55-63.

[73] Qiao J G, Lu Y G. A new algorithm for choosing initial cluster centers for k-means[C]// Proceedings of the 2nd International Conference on Computer Science and Electronics Engineering(ICCSEE 2013). Paris, France: Atlantis Press, 2013.

[74] Comaniciu D, Meer P. Mean shift: a robust approach toward feature space analysis[J]. IEEE Transactions on Pattern Analysis & Machine Intelligence, 2002(5): 603-619.

[75] Al Hasan M, Chaoji V, Salem S, et al. Robust partitional clustering by outlier and density insensitive seeding[J]. Pattern Recognition Letters, 2009, 30(11): 994-1002.

[76] Breunig M M, Kriegel H P, Ng R T, et al. LOF: identifying density-based local outliers[J]. ACM Sigmod Record, 2000, 29(2): 93-104.

[77] Astrahan M M. Speech analysis by clustering, or the hyperphoneme method[R]. Stanford Univ CA Dept of Computer Science, 1970.

[78] Cao F, Liang J, Jiang G. An initialization method for the k-means algorithm using neighborhood model[J]. Computers & Mathematics With Applications, 2009, 58(3): 474-483.

[79] Forgy E W. Cluster analysis of multivariate data: efficiency vs. interpretability of classifications[J]. Biometrics, 1965, 21: 768-769.

[80] Späth H. Computational experiences with the exchange method: applied to four commonly used partitioning cluster analysis criteria[J]. European Journal of Operational Research, 1977, 1(1): 23-31.

[81] Al-Daoud M B, Roberts S A. New methods for the initialisation of clusters[J]. Pattern Recognition Letters, 1996, 17(5): 451-455.

[82] Al-Daoud M B. A new algorithm for cluster initialization[C]//WEC'05: The Second World Enformatika Conference, 2005.

[83] Bradley P S, Fayyad U M. Refining initial points for k-means clustering[C]//Proceedings of the 15th International Conference on Machine Learning, 1998: 91-99.

[84] Su T, Dy J G. In search of deterministic methods for initializing k-means and Gaussian mixture clustering[J]. Intelligent Data Analysis, 2007, 11(4): 319-338.

[85] Onoda T, Sakai M, Yamada S. Careful seeding method based on independent components analysis for k-means clustering[J]. Journal of Emerging Technologies in Web Intelligence, 2012, 4(1): 51-59.

[86] Redmond S J, Heneghan C. A method for initialising the k-means clustering algorithm using kd-trees[J]. Pattern Recognition Letters, 2007, 28(8): 965-973.

[87] Lance G N, Williams W T. A general theory of classificatory sorting strategies: II. Clustering systems[J]. The Computer Journal, 1967, 10(3): 271-277.

[88] Milligan G W. An examination of the effect of six types of error perturbation on fifteen clustering algorithms[J]. Psychometrika, 1980, 45(3): 325-342.

[89] Linde Y, Buzo A, Gray R. An algorithm for vector quantizer design[J]. IEEE Transactions on Communications, 1980, 28(1): 84-95.

[90] Huang C M, Harris R W. A comparison of several vector quantization codebook generation approaches[J]. IEEE Transactions on Image Processing, 1993, 2(1): 108-112.

[91] Pelleg D, Moore A. Accelerating exact k-means with geometric reasoning[R]. Technical Report Carnegie Mellon University, 2000.

[92] Razali N M, Wah Y B. Power comparisons of Shapiro-Wilk, Kolmogorov-Smirnov, Lilliefors and Anderson-Darling tests[J]. Journal of Statistical Modeling and Analytics, 2011, 2(1): 21-33.

[93] Bland J M, Altman D G. Multiple significance tests: the Bonferroni method[J]. BMJ, 1995, 310(6973): 170.

[94] McLachlan G J, Basford K E. Mixture Models: Inference and Applications to Clustering[M]. New York: Marcel Dekker, 1988.

[95] Reynolds D A, Rose R C. Robust text-independent speaker identification using Gaussian mixture speaker models[J]. IEEE Transactions on Speech and Audio Processing, 1995, 3(1): 72-83.

[96] Steinley D. K-means clustering: a half-century synthesis[J]. British Journal of Mathematical and Statistical Psychology, 2006, 59(1): 1-34.

[97] Lee D D, Seung H S. Learning the parts of objects by non-negative matrix factorization[J]. Nature, 1999, 401(6755): 788-791.

[98] Ding C, He X, Simon H D. On the equivalence of nonnegative matrix factorization and spectral clustering[C]// Proceedings of the 2005 SIAM International Conference on Data Mining. Society for Industrial and Applied Mathematics, 2005: 606-610.

[99] Ding C, He X. K-means clustering via principal component analysis[C]//Proceedings of the Twenty-First International Conference on Machine Learning, 2004: 29.

[100] Cooper L. N-Dimensional location models: an application to cluster analysis[J]. Journal of Regional science, 1973, 13(1): 41-54.

[101] Fisher W D. On grouping for maximum homogeneity[J]. Journal of the American Statistical Association, 1958, 53(284): 789-798.

[102] Jensen R E. A dynamic programming algorithm for cluster analysis[J]. Operations Research, 1969, 17(6): 1034-1057.

[103] Rao M R. Cluster analysis and mathematical programming[J]. Journal of the American Statistical Association, 1971, 66(335): 622-626.

[104] Diehr G. Minimum variance partitions and mathematical programming[C]//National Meetings of the Classification Society, Atlanta, Georgia, 1973.

[105] Gordon A D, Henderson J T. An algorithm for Euclidean sum of squares classification[J]. Biometrics, 1977, 33(2): 355-362.

3 类 k-均值算法

本章简述几种 k-均值算法的变体，包括对测度方法的改变、从硬聚类方法拓展到软聚类方法以及对高维数据的处理。由于许多后续的改进方法对类 k-均值算法也是通用的，因此本部分仅对基本的算法进行说明，相关优化见第 4 章。

3.1 k-medoids 算法

k-medoids 算法和 k-均值算法一样都是经典的聚类分割方法，可以将具有 n 个数据点的数据集划分成 k 个已知先验簇，但是 k-medoids 算法比 k-均值算法能更好地处理噪声和离群点。该算法的目标与 k-均值算法一样都是对数据进行分组，并且都是先定义簇中心点，然后通过衡量数据点与中心点的距离来确定该数据点所属簇，当所有的簇的中心点都不发生变化时认为聚类结束。两者不一样的地方在于中心点的选取，在 k-均值算法中我们将当前簇中所有数据点的平均值作为该簇的中心点，而在 k-medoids 算法中，每次迭代后的中心点都是从聚类的样本点中选取的，并且 k-medoids 算法采用泛化的曼哈顿距离度量数据点之间的距离，而不是使用欧几里得距离。在簇中心点的选择上，k-medoids 算法从当前簇中选取与当前簇中其他所有数据点平均相异性最小的点作为中心点。k-medoids 算法以绝对误差和作为算法的目标函数，如式（3.1）所示：

$$E(\boldsymbol{C})=\sum_{k=1}^{K}\sum_{\boldsymbol{x}_i\in C_k}\left\|\boldsymbol{x}_i-\boldsymbol{c}_k\right\| \tag{3.1}$$

式中，$\boldsymbol{c}_k$ 代表簇 k 的中心点；C_k 表示簇 k 中所有数据的集合。

k-medoids 算法的基本策略是，首先从每个簇中随机选择一个数据点作为该簇的中心点，接下来计算其余所有数据点与中心点之间的距离作为数据点之间的相似性，距离越近表示相似性越大。然后以此为依据，将剩余的每个数据点分配到与其距离最小的中心点所代表的簇内。最后反复迭代，用非中心点数据点替代中心点，替代的标准就是当该数据点成为新的中心点之后能够提高簇的聚类质量，使得簇更紧凑。

3.1.1 PAM 算法

围绕中心点分割（partitioning around medoid，PAM）算法[1]是最早被提出的 k-medoids 聚类算法。PAM 算法采用启发式的贪心搜索。该算法采用数据点与中心点之间的平均相异度函数来评估聚类结果的质量：

$$E=\sum_{j=1}^{k}\sum_{\boldsymbol{p}\in C_j}\left(\left\|\boldsymbol{p}-\boldsymbol{c}_j\right\|^2\right) \tag{3.2}$$

PAM 算法主要包括两个阶段。第一个阶段称为构造，首先从数据集中依次选出 k 个代表数据点得到一个初始簇，第一个被选出的数据点到其他所有数据点的相异性之和最小，即该数据点在数据集中的位置应尽可能接近数据集的中心位置。然后，每次迭代时选择使总相异度减小的数据点作为代表数据点。重复上述过程，直到选出 k 个代表数据点。

寻找代表数据点的步骤如下：

（1）从非代表数据点集合中选择一个数据点 $\boldsymbol{x}_i$；

（2）考虑非代表数据点 $\boldsymbol{x}_j$，记它与目前的除 $\boldsymbol{x}_i$ 外的代表数据点之间相异度最小值为 D_j，数据点 $\boldsymbol{x}_j$ 与代表数据点 $\boldsymbol{x}_i$ 之间的相异度为 $d\left(\boldsymbol{x}_i,\boldsymbol{x}_j\right)$，比较 D_j 和 $d\left(\boldsymbol{x}_i,\boldsymbol{x}_j\right)$ 的大小；

（3）如果 $D_j>d\left(\boldsymbol{x}_i,\boldsymbol{x}_j\right)$，说明数据点 $\boldsymbol{x}_j$ 倾向于选择数据点 $\boldsymbol{x}_i$ 作为代表数据点，即 $\boldsymbol{x}_j$ 有贡献，贡献程度为 $c_{ij}=\max\left\{D_j-d\left(\boldsymbol{x}_i,\boldsymbol{x}_j\right),0\right\}$；

（4）计算所有非代表数据点对数据点 $\boldsymbol{x}_i$ 的贡献程度之和 $\sum_j c_{ij}$；

（5）选择使$\sum_j c_{ij}$的值最小的数据点$\boldsymbol{x}_i$作为下一个代表数据点；

（6）重复以上步骤，直到成功找到k个代表数据点。

算法的第二个阶段称为交换，该阶段尝试更新代表数据点集合以优化聚类结果。这个阶段需要考虑所有的数据点组合$(\boldsymbol{x}_i,\boldsymbol{x}_h)$，其中数据点$\boldsymbol{x}_i$已经被选择为代表数据点，数据点$\boldsymbol{x}_h$没有被选择。如果两者发生交换，即$\boldsymbol{x}_h$取代$\boldsymbol{x}_i$成为代表数据点，然后计算总相异度是否发生变化，从总相异度减小的数据点组合中，选择效果最显著的一对进行交换。重复这一过程，直到总相异度不再减小。因为考虑到所有的数据点组合，所以该算法的聚类结果与数据集中数据点的排列顺序无关。

为了判定$\boldsymbol{x}_h$是否可以替代代表数据点$\boldsymbol{x}_i$作为新的代表数据点，需要考虑以下四种情况：

（1）对于一个非代表数据点$\boldsymbol{x}_j$，且$\boldsymbol{x}_j$隶属于当前代表数据点$\boldsymbol{x}_i$。如果$\boldsymbol{x}_h$替代代表数据点$\boldsymbol{x}_i$作为新的代表数据点，通过计算发现，$\boldsymbol{x}_i$距离代表数据点$\boldsymbol{x}_m$最近，并且$\boldsymbol{x}_i \neq \boldsymbol{x}_m$，则数据点$\boldsymbol{x}_j$将被分配给代表数据点$\boldsymbol{x}_m$所代表的簇。

（2）对于一个非代表数据点$\boldsymbol{x}_j$，且$\boldsymbol{x}_j$隶属于当前代表数据点$\boldsymbol{x}_i$。如果$\boldsymbol{x}_h$替代代表数据点$\boldsymbol{x}_i$作为新的代表数据点，通过计算发现，$\boldsymbol{x}_j$距离代表数据点$\boldsymbol{x}_h$最近，则数据点$\boldsymbol{x}_j$将被分配给代表数据点$\boldsymbol{x}_h$所代表的簇。

（3）对于一个非代表数据点$\boldsymbol{x}_j$，且$\boldsymbol{x}_j$隶属于代表数据点$\boldsymbol{x}_m$，且$\boldsymbol{x}_i \neq \boldsymbol{x}_m$。如果$\boldsymbol{x}_h$替代代表数据点$\boldsymbol{x}_i$作为新的代表数据点，通过计算发现，$\boldsymbol{x}_j$依旧距离代表数据点$\boldsymbol{x}_m$最近，则数据点$\boldsymbol{x}_j$的隶属不发生变化。

（4）对于一个非代表数据点$\boldsymbol{x}_j$，且$\boldsymbol{x}_j$隶属于代表数据点$\boldsymbol{x}_m$，且$\boldsymbol{x}_i \neq \boldsymbol{x}_m$。如果$\boldsymbol{x}_h$替代代表数据点$\boldsymbol{x}_i$作为新的代表数据点，通过计算发现，$\boldsymbol{x}_j$距离代表数据点$\boldsymbol{x}_h$最近，则数据点$\boldsymbol{x}_j$将被分配给代表数据点$\boldsymbol{x}_h$所代表的簇。

PAM 算法反复使用非代表数据点替换代表数据点，以找到更好的更具有代表性的中心点，使得总代价减小，并提高聚类的质量。PAM 算法流程见算法 3.1。

算法 3.1　PAM 算法

输入：簇的数目 k 和 n 个数据点

输出：k 个簇，使得所有数据点与其距离最近的中心点的相异度总和最小

初始化：从 n 个数据点中随机选择 k 个数据点作为簇中心点

repeat

　　计算每个数据点到中心点的距离

　　将每个数据点归属到距离其最近的中心点所代表的簇

　　对于每一个中心点 $\boldsymbol{x}_h$ 和每一个非中心点 $\boldsymbol{x}_j$，计算 $\boldsymbol{x}_j$ 替换 $\boldsymbol{x}_h$ 的代价

　　如果代价降低则进行交换，使 $\boldsymbol{x}_h$ 成为新的中心点

until 中心点不发生变化

3.1.2　PAM 算法演示及问题分析

给定如表 3.1 所示数据集，其中 $n=10$，$k=2$。

表 3.1　数据集

数据点	属性 1	属性 2
x_1	2	6
x_2	3	4
x_3	3	8
x_4	4	7
x_5	6	2
x_6	6	4
x_7	7	3
x_8	7	4
x_9	8	5
x_{10}	7	6

步骤 1：随机选择两个数据点 $c_1 = x_2 = (3,4)$ 和 $c_2 = x_8 = (7,4)$ 作为中心点（聚类中心），计算每个数据点到中心点的哈夫曼距离，然后将每个数据点分配到距离其最近的中心点所代表的簇中。结果如表 3.2 所示。

表 3.2 步骤 1 计算结果

数据点		到中心点距离	
i	x_i	$c_1=(3,4)$	$c_2=(7,4)$
1	(2, 6)	3	7
2	(3, 4)	0	4
3	(3, 8)	4	8
4	(4, 7)	4	6
5	(6, 2)	5	3
6	(6, 4)	3	1
7	(7, 3)	5	1
8	(7, 4)	4	0
9	(8, 5)	6	2
10	(7, 6)	6	2
代价		11	9

因为数据点(2,6)、(3,8)和(4,7)更接近中心点c_1，所以它们属于一个簇，其他数据点属于另一簇，因此，簇组成如下：

$$簇1=\{(3,4),(2,6),(3,8),(4,7)\}$$

$$簇2=\{(7,4),(6,2),(6,4),(7,3),(8,5),(7,6)\}$$

聚类的总代价为数据点到其中心点的距离：

$$3+0+4+4+3+1+1+0+2+2=20$$

步骤 2：任选一个非中心点o'，假定$o'=(7,3)$，即数据点x_r。所以现在中心点为$c_1(3,4)$和$o'(7,3)$，利用步骤 1 中的方法计算新的代价。计算结果如表 3.3 所示。

表 3.3 步骤 2 计算结果

数据点		到中心点距离	
i	x_i	$c_1=(3,4)$	$c_2=(7,3)$
1	(2, 6)	3	8
3	(3, 8)	4	9
4	(4, 7)	4	7
5	(6, 2)	5	2
6	(6, 4)	3	2
8	(7, 4)	4	1
9	(8, 5)	6	3
10	(7, 6)	6	3

总代价$=3+4+4+2+2+1+3+3=22$。因此非中心点o'替换c_2为中心点的交换代价$S=22-20=2>0$。所以根据代价降低原则，o'不可替换c_2，中心点c_2应保持不变。以此类推，依次用其他非中心点代替中心点，找到代价最小的点进行替换，通过计算发现$c_1=(3,4)$和$c_2=(7,4)$即为代价最小的点，算法结束。

通过上面的实例可以看出，PAM 算法采用哈夫曼距离替代欧几里得距离来衡量数据点与中心点之间的相异性，使计算简便，容易实现。中心点从已有数据点中选取，不像 k-均值算法那样容易受到极端数据影响，能够有效改善“噪声”和离群点的干扰。由于 PAM 算法可以利用任何指定的距离度量进行聚类，因此它允许灵活定义两个元素距离远近的指标。通过实践发现，这种灵活性在研究人员比较感兴趣的生物学应用领域特别重要，例如对相关或可能反相关的因素进行分组时，许多聚类算法不允许随意定义相似性，如 k-均值算法虽然可以使用任何度量来执行，但是目前的实现中仅允许欧几里得和曼哈顿距离的度量方式。除了允许灵活的距离度量之外，PAM 算法还具有通过中心点（medoids）识别簇的优点。中心点是簇中心的一种鲁棒性表示，它不像其他簇轮廓对异常值敏感，例如 k-均值算法中均值的计算就对异常值比较敏感。在可能具有许多元素不属于任何簇的情况下，这种鲁棒性特别重要。虽然 PAM 算法改善了 k-均值算法对“噪声”敏感的缺点，但它仍具有 k-均值算法的其他缺点，并且由于采用新的中心点计算规则，算法的复杂度上升为$O\left(k\left(n-k\right)^2\right)$。在数据点数$n$和簇个数$k$的值都很大的情况下，PAM 算法在处理的过程中需要花费极大的计算代价，算法效率较低，所以该算法只能用于处理小规模数据集。

Kaufman 等将 PAM 算法与抽样的方法相结合，提出了 CLARA 算法[2]，该方法主要分为两部分，首先从整个数据集中抽取多个样本，然后对每个样本运用 PAM 算法产生k个中心点，然后使用这k个中心点对剩余的其他数据点进行聚类，将每个样本中的其他数据点分配给距离其最近的中心点，聚类规则为$\left\{\boldsymbol{x}\in C_i, \text{当} d\left(\boldsymbol{x},\boldsymbol{q}_i\right)\leqslant d\left(\boldsymbol{x},\boldsymbol{q}_j\right)\wedge i\neq j\right\}$，其中$1\leqslant i,j\leqslant k$，$d$是相异性度，$\boldsymbol{q}_j$是簇$j$的中心点，$C_i$是第$i$个簇。最后计算数据集中所有点到其所属中心点的平均距离，将平均距离最小的聚类结果作为最终结果。

对于每个样本，CLARA 算法只对大数据集遍历一次，最终选择最好的聚类结果。其计算复杂度取决于 PAM 的时间复杂度，即样本的大小。该方法有效地改善了 PAM 算法无法处理大数据集的问题，但是其有效性会随着簇数量的增加迅速降低，只有输入 PAM 算法的样本数量较小时，CLARA 算法对大数据集才有效。然而在数据挖掘应用中，对于大而复杂的数据集，小样本往往不能代表数据的真实分布。同时由于抽样的随机性，可能无法得到全局最优解。Ng 等提出的 CLARANS 算法在抽样的过程中加入了随机搜索的思想[3]，该方法与 CLARA 算法的区别在于算法的样本不是固定的，而是随机抽取的。实验证明该方法比 CLARA 算法的聚类效果更好，并且能够探测孤立点，但算法复杂度也更高。Krishnapuram 等提出将 k-medoids 算法运用于模糊聚类[4]，并能够在大型的 Web 文档数据上取得良好的效果，但是复杂度较大，达到了$O(n^2)$。van der Laan 等试图最大化文献[2]提出的轮廓系数而不是最小化 PAM 中的到最近中心点的距离之和[5]。Zhang 等提出在计算 PAM 中的交换步骤更换总成本时使用三角不规则网络（triangular irregular network，TIN）的概念来减少计算时间[6]。Park 等提出的算法只需要对每对数据点之间的距离计算一次，就能够实现在每次迭代中找到新的中心点，显著减少了算法的计算时间[7]。Mohammed 提出了一种基于簇有效性指标和数据点密度的初始化中心点的新方法，改善了传统 k-medoids 算法对初始中心点敏感的问题[8]。Zhang 等提出了基于密度的 k-medoids 聚类算法，克服了经典密度聚类算法 DBSCAN 和 k-medoids 聚类算法的缺点[9-10]。

除了 K-medoids 算法外，还有一种改进思想类似的算法——k-median 算法[11]。k-median 算法也是对标准 k-均值算法中中心点的选取标准进行了修改。k-median 算法不是计算每个簇的平均值以确定质心，而是计算每个簇的中值作为簇中心点。同样的，相比于 k-均值算法其鲁棒性得到了加强。k-median 算法还对测度方法进行了修改，相对于 k-均值算法中 L_2 范数作为数据点之间距离的度量方式，k-median 算法选取 L_1 范数来计算距离，这样可以达到减小误差的效果。算法以最小化每个数据点与距离它最近的中心点之间的距离作为最终目标：

$$S=\sum_{k=1}^{K}\sum_{c\in C_k}\left|x_{ij}-\mathrm{med}_{kj}\right| \tag{3.3}$$

式中，x_{ij} 表示数据 $\boldsymbol{x}_i$ 的第 j 个属性；med_{kj} 表示在第 k 个簇中数据的第 j 个属性的中值。

Jhun 等[12]通过规定任何仅包含单个数据点的簇需与其最近的簇合并而改变了上述分配目标，并声称该算法在恢复形状细长的簇时效果更好，且在有离群点的情况下更为鲁棒。Garcia-Escudero 等[13]认为，k-median 算法仅仅在特殊情况下才对离群点不敏感，而在一般情况下，其与 k-均值算法一样受到离群点的极大影响。

3.2 k-modes 算法

虽然 k-均值算法能对大型数据集进行有效聚类，但是标准 k-均值算法仅适用于数值类型数据的聚类分析，即变量类型为数值型数据，对于非数值类数据则束手无策。使用 k-均值算法对类别属性数据进行聚类的常用方法是将类别变量转换成二进制变量，即用 0 和 1 表示类别变量中一个属性存在或者不存在，然后 k-均值算法将这些二进制变量视为数字。如果用于数据挖掘，则该方法需要处理大量的二进制属性，因为数据挖掘领域中的数据集通常具有数百或数千类别的类别属性，会产生大量的二进制变量，这将不可避免地增加 k-均值算法的计算成本和内存需求。另一个缺点在于 0 和 1 之间的实数计算出的均值不能表明簇的特征，因此不一定能产生有意义的聚类结果。所以这意味着在大型类别属性数据集上进行数据挖掘时，k-均值方法的有效性将大打折扣。

为了解决数据挖掘中大型类别属性数据集的聚类问题，Huang[14]基于 k-均值算法，提出了 k-modes 算法，该算法可以看作是 k-均值算法在非数值集合上的版本。该算法的聚类思想与 k-均值算法类似。算法首先随机选择 k 个数据点作为 k 个簇的聚类中心，然后将每个数据点分配到距离最近的簇中心所代表的簇。之后根据簇中心更新规则更新每个簇的簇中心，并重新计算每个数据点的距离矩阵。重复迭代，直到所有数据点的簇中心不再发生改变时，算法收敛，聚类结束，否则继续迭代。

k-modes 算法在 k-均值算法的基础上主要修改了以下三点：

（1）对分类数据点使用一个简单的匹配相异性度量方式；

（2）用众数代替簇的均值；

（3）使用基于频率的方法更新簇的众数，以最小化代价函数。

相异性度量用来衡量数据集中两个数据点的相异程度。k-均值算法以数据点到聚类中心的欧几里得距离作为将数据点划分到对应簇的标准，但是对于非数值型数据，例如人的姓名、性别、性格、家庭住址等属性，该方法就不适用。所以需要新的计算数据点与类中心的相异程度的方式。

设 $X=\{\boldsymbol{x}_1,\boldsymbol{x}_2,\cdots,\boldsymbol{x}_n\}$ 是由 n 个数据点组成的数据集合，数据点 $\boldsymbol{x}_i$ 可以由属性集 $[x_{i,1},x_{i,2},\cdots,x_{i,m}]$ 表述。如果 $x_{i,j}=x_{k,j}$（$1\leqslant j\leqslant m$），则认为 $\boldsymbol{x}_i=\boldsymbol{x}_k$。但是 $x_{i,j}=x_{k,j}$ 并不能表示在真实数据集中 $\boldsymbol{x}_i$ 与 $\boldsymbol{x}_k$ 是同一数据点，只能说明这两个数据点的 $A_1,A_2,\cdots,A_m$ 的属性值相同。例如，一个数据集中的两个病人，对于年龄、性

别、疾病和治疗这些属性可能具有相同的值，但是他们在医院数据库中的身份证明（identification，ID）和家庭住址可能是不同的，只不过这两个属性没有用于聚类。

假设 $\boldsymbol{x}_i$ 和 $\boldsymbol{y}_l$ 是两个类别数据点，有 m 个类别属性，$\boldsymbol{x}_i$ 和 $\boldsymbol{y}_l$ 之间的相异程度可以通过两个数据点属性的总不匹配率来定义。不匹配的属性数量越少，表示这两个数据点越相似。这个措施通常被称为简单匹配[15]。从形式上看，数据点 $\boldsymbol{x}_i$ 和 $\boldsymbol{y}_l$ 的简单匹配的相异性度量为

$$d\left(\boldsymbol{x}_i,\boldsymbol{y}_l\right)=\sum_{j=1}^{m}\delta\left(x_{ij},y_{lj}\right) \tag{3.4}$$

式中，

$$\delta\left(x_{ij},y_{lj}\right)=\begin{cases}0, & x_{ij}=y_{lj}\\ 1, & x_{ij}\neq y_{lj}\end{cases} \tag{3.5}$$

k-modes 算法采用 k-modes 范式对类别数据进行聚类。将具有 n 个数据点的数据集划分成 k 个簇的目标是找到使代价函数 P 最小化的 $\boldsymbol{W}$ 和 $\boldsymbol{Q}$：

$$P(\boldsymbol{W},\boldsymbol{Q})=\sum_{l=1}^{k}\sum_{i=1}^{n}\boldsymbol{w}_{il}d\left(\boldsymbol{x}_i,\boldsymbol{q}_l\right) \tag{3.6}$$

$$\text{s.t.}\sum_{l=1}^{k}\boldsymbol{w}_{il}=1,\ 1\leqslant i\leqslant n$$

$$\boldsymbol{w}_{il}\in\{0,1\},\ 1\leqslant i\leqslant n,1\leqslant l\leqslant k \tag{3.7}$$

$\boldsymbol{w}_{il}$ 是 $n\times k$ 的 $\{0,1\}$ 矩阵，表示数据点 $\boldsymbol{x}_i$ 隶属于簇 l 的程度，$\boldsymbol{Q}=\left[\boldsymbol{q}_1,\boldsymbol{q}_2,\cdots,\boldsymbol{q}_k\right]$ 是一个 $k\times m$ 的矩阵，表示 k 个簇的 k 个众数。最小化式（3.6）中的 P 是一个约束条件下的非线性优化问题，该问题的解是未知的。通常优化这类问题的方法是交替优化 $\boldsymbol{W}$ 和 $\boldsymbol{Q}$，首先固定 $\boldsymbol{Q}$，然后找到使 $\boldsymbol{P}$ 最小化的 $\boldsymbol{W}$，再固定 $\boldsymbol{W}$，更新 $\boldsymbol{Q}$。k-modes 算法流程见算法 3.2。

算法 3.2 k-modes 算法

输入：簇的数目 k 和 n 个数据点

输出： k 个簇

1 从数据集中随机选取 k 个数据点作为每个簇的初始众数

2 $\boldsymbol{Q}^{(1)}=\{\boldsymbol{m}_1,\boldsymbol{m}_2,\cdots,\boldsymbol{m}_k\}$，确定使 $P\left(\boldsymbol{W},\boldsymbol{Q}^{(1)}\right)$ 最小化的 $\boldsymbol{W}^{(1)}$， $t=1$

3 **repeat**

4 确定使 $P\left(\boldsymbol{W}^{(t)},\boldsymbol{Q}^{(t+1)}\right)$ 最小化的 $\boldsymbol{Q}^{(t+1)}$

5 确定使 $P\left(\boldsymbol{W}^{(t+1)},\boldsymbol{Q}^{(t+1)}\right)$ 最小化的 $\boldsymbol{W}^{(t+1)}$

6 $t=t+1$

7 **until** $P\left(\boldsymbol{W}^{(t)},\boldsymbol{Q}^{(t+1)}\right)=P\left(\boldsymbol{W}^{(t)},\boldsymbol{Q}^{(t)}\right)$ 或 $P\left(\boldsymbol{W}^{(t+1)},\boldsymbol{Q}^{(t+1)}\right)=P\left(\boldsymbol{W}^{(t)},\boldsymbol{Q}^{(t+1)}\right)$

根据以下定理，计算矩阵 $\boldsymbol{W}$ 和 $\boldsymbol{Q}$ 。

定理 3.1 在 $\hat{\boldsymbol{Q}}$ 已知的情况下，求解：

$$\begin{aligned}&\min_{w} P(\boldsymbol{W},\boldsymbol{Q})\\&\text{s.t. } \sum_{l=1}^{k}\boldsymbol{w}_{il}=1,\ 1\leqslant i\leqslant n\\&\boldsymbol{w}_{il}\in\{0,1\},\ 1\leqslant i\leqslant n,\ 1\leqslant l\leqslant k\end{aligned}\tag{3.8}$$

可得

$$w_{il}=\begin{cases}1, & d\left(\boldsymbol{x}_i,\boldsymbol{q}_l\right)\leqslant d\left(\boldsymbol{x}_i,\boldsymbol{q}_t\right)\\0, & t\neq l\end{cases}\tag{3.9}$$

已知 $\boldsymbol{W}$ ，更新 $\boldsymbol{Q}$ ，利用的是基于频率的方法。k-modes 算法采用 L_0 范数来度量数据点之间的差异性，在算法每次迭代的过程中，使用一个簇中每个属性出现频率最高的那个属性值作为中心点对应属性的属性值来对中心点进行更新。

定理 3.2 假设 X 是由类别属性 $A_1,A_2,\cdots,A_m$ 表示的类别数据的集合，并且 $\mathrm{DOM}\left(A_j\right)=\left\{a_j^{(1)},a_j^{(2)},\cdots,a_j^{(n_j)}\right\}$， n_j 是属性 A_j 的类别数， $1\leqslant j\leqslant m$ 。簇中心 q_l 由 $[q_{l1},q_{l2},\cdots,q_{lm}]$ 表示， $1\leqslant l\leqslant k$ 。则使 $\sum_{l=1}^{k}\sum_{i=1}^{n}\boldsymbol{w}_{il}d\left(\boldsymbol{x}_i,\boldsymbol{q}_l\right)$ 最小化的充要条件是 $q_{lj}=a_j^{(r)}\in\mathrm{DOM}\left(A_j\right)$，其中对所有 $1\leqslant j\leqslant m$，有

$$\left|\left\{\boldsymbol{w}_{il} \middle| x_{ij}=a_j^{(r)}, \boldsymbol{w}_{il}=1\right\}\right| \geqslant \left|\left\{\boldsymbol{w}_{il} \middle| x_{ij}=a_j^{(t)}, \boldsymbol{w}_{il}=1\right\}\right|, \quad 1 \leqslant t \leqslant n_j$$

定理 3.2 的相关证明可以参考文献[16]。定理 3.2 定义了给定 $\boldsymbol{W}$ 的情况下，求 $\boldsymbol{Q}$ 的方法，这使 k-均值能够对分类数据进行聚类。从定理可以看出，数据集 X 的众数不是唯一的，例如，数据集 $\{[a,b],[a,c],[c,b],[b,c]\}$ 的众数可以是 $[a,b]$ 或 $[a,c]$，所以 $\boldsymbol{w}_{il}=1$ 可以随意分配给第一个最小的索引 l，并将该类的其他元素设置为 0。当簇具有较弱的相似性时，即众数属性出现频率不高时，该问题会频繁发生。接下来将对以下实例用简单匹配相异性原则说明一下问题。

数据集具有三种类别属性 A_1（两个类别：1 或 2）、A_2（两个类别：1 或 2）、A_3（5 个类别：1、2、3、4 或 5）。表 3.4 和表 3.5 分别是两个簇的三个数据点及其众数。

表 3.4 簇 1 的数据点和众数

数据点	属性		
	A_1	A_2	A_3
1	1	1	1
2	1	1	2
3	1	1	3
簇 1 的众数 q_1	1	2	3

表 3.5 簇 2 的数据点和众数

数据点	属性		
	A_1	A_2	A_3
4	1	2	1
5	2	1	3
6	1	1	4
簇 2 的众数 q_2	1	2	3

以上例子可以看出，相异性度量并不代表物体与簇的众数之间的实际语义距离。例如，如果一个数据点 $\boldsymbol{x}=(1,1,5)$ 要分配给其中一个簇，发现 $d(\boldsymbol{q}_1,\boldsymbol{x})=1=d(\boldsymbol{q}_2,\boldsymbol{x})$。因此，没办法确定 $\boldsymbol{x}$ 应该如何正确分配。然而，按照簇内相似性原则，数据点 $\boldsymbol{x}$ 应该分给簇 1。

用简单匹配的方法进行相似性度量，数据点之间的距离不是 0 就是 1，但是这种方式不能反映簇之间的潜在关系。文献[17]～[19]提出了一种新的相异性度量方式以提高 k-modes 算法聚类结果的准确性。其主要思想是考虑每个簇的众数的属性值的相对频率。该修改使算法能够识别相似性较弱的簇，并将较少的相似数据点分配给这样的簇，使得生成的簇具有较强的相似性。文献[17]～[19]中的实验结果显示，改进的 k-modes 算法是非常有效的。而且文献[20]证明了经过有限次迭代，该算法可以收敛。

基于频率的相异性度量 $d(\boldsymbol{x}_i,\boldsymbol{y}_l)$ 定义如下：

$$d(\boldsymbol{x}_i,\boldsymbol{y}_l)=\sum_{j=1}^{m}\delta(x_{i,j},y_{l,j}) \tag{3.10}$$

式中，

$$\delta(x_{i,j},y_{l,j})=\begin{cases}1, & x_{i,j}\neq y_{l,j}\\ 1-\dfrac{|c_{l,j,r}|}{c_l}, & 其他\end{cases} \tag{3.11}$$

$|c_l|$ 是第 l 个簇中所有数据点的个数，$|c_l|=|\{i\mid w_{li}=1\}|$。$|c_{l,j,r}|$ 表示第 l 个簇中具有第 j 个属性的类别 $a_j^{(r)}$ 的所有数据点的个数，$|c_{l,j,r}|=|\{w_{ls}\mid y_{1,j}=x_{s,j}=a_j^{(r)},w_{ls}=1\}|$。

根据 $\delta(\cdot)$ 的定义，我们可以看出，在计算相异度时考虑了众数类别所占主导水平。当众数类别占 100%时，$|c_l|=|c_{l,j,r}|$，则相应的相异度方程就与原 k-modes 算法一样。

重新考虑上述示例，则参数 $|c_{l,j,r}|$ 计算如表 3.6 和表 3.7 所示（nil 表示无）。

表 3.6 簇 1 的 $\left|c_{l,j,r}\right|$ 结果

类别	属性		
	A_1	A_2	A_3
1	3	3	1
2	0	0	1
3	nil	nil	1
4	nil	nil	0
5	nil	nil	0

表 3.7 簇 2 的 $\left|c_{l,j,r}\right|$ 结果

类别	属性		
	A_1	A_2	A_3
1	2	2	1
2	1	1	0
3	nil	nil	1
4	nil	nil	1
5	nil	nil	0

如果将数据点 $\boldsymbol{x}=[1,1,5]$ 分配给其中一个簇，用新的相异性度量代替真正的语义距离，我们可以得到簇 1 的众数 $\boldsymbol{q}_1=\left[1:1,2:0,3:\frac{1}{3}\right]$，簇 2 的众数 $\boldsymbol{q}_2=\left[1:\frac{2}{3},2:\frac{1}{3},3:\frac{1}{3}\right]$，$d\left(\boldsymbol{q}_1,\boldsymbol{x}\right)=3-\left(1+1+0\right)=1$，$d\left(\boldsymbol{q}_2,\boldsymbol{x}\right)=3-\left(\frac{2}{3}+\frac{1}{3}+\frac{1}{3}\right)=\frac{5}{3}$，因此 $d\left(\boldsymbol{q}_1,\boldsymbol{x}\right)<d\left(\boldsymbol{q}_2,\boldsymbol{x}\right)$，也就是说根据新的相异性度量方式，数据点 $\boldsymbol{x}$ 应该被分配到第一个簇内。

采用新的相异性度量与采用原先的简单匹配度量方式更新聚类中心 Q 的方式是一样的，所以继续使用原 k-modes 算法的算法流程。唯一的区别在于每次迭代时需要计算并保存 $\left|c_{l,j,r}\right|$ 和 $\left|c_l\right|$ 的值用于数据点之间距离的计算。中心点 Q 的更新过程如下。

（1）计算所有属性的所有类别的频率，并按降序将其存在类别矩阵中，如

式（3.12）所示，一个具有 4 个属性、每个属性分别具有 4,2,5,3 个类别的类别矩阵。其中 $c_{i,j}$ 表示属性 j 的第 i 个类别，并且 $f\left(c_{i,j}\right) \geqslant f\left(c_{i+1,j}\right)$，$f\left(c_{i,j}\right)$ 是类别 $c_{i,j}$ 的频率。

$$\left\{\begin{matrix} c_{1,1} & c_{1,2} & c_{1,3} & c_{1,4} \\ c_{2,1} & c_{2,2} & c_{2,3} & c_{2,4} \\ c_{3,1} & & c_{3,3} & c_{3,4} \\ c_{4,1} & & c_{4,3} & \\ & & c_{5,3} & \end{matrix}\right\} \tag{3.12}$$

（2）将频率最高的 k 个类别作为初始的 k 个众数。如式（3.12）所示，假设 $k=3$，则

$$\boldsymbol{q}_1 = \left[q_{1,1}=c_{1,1}, q_{1,2}=c_{2,2}, q_{1,3}=c_{2,3}, q_{1,4}=c_{1,4}\right]$$

$$\boldsymbol{q}_2 = \left[q_{2,1}=c_{2,1}, q_{2,2}=c_{1,2}, q_{2,3}=c_{4,3}, q_{2,4}=c_{2,4}\right]$$

$$\boldsymbol{q}_3 = \left[q_{3,1}=c_{3,1}, q_{3,2}=c_{2,2}, q_{3,3}=c_{1,3}, q_{3,4}=c_{3,4}\right]$$

（3）从 $\boldsymbol{q}_1$ 开始，选择与 $\boldsymbol{q}_1$ 最相似的数据点，使其代替 $\boldsymbol{q}_1$ 作为第一个初始众数，然后选择第一个与 $\boldsymbol{q}_2$ 最相似的数据点代替 $\boldsymbol{q}_2$ 作为第二个初始众数。继续以上过程直到所有的 $\boldsymbol{q}_k$ 都被替代。在这些选择中 $\boldsymbol{q}_l \neq \boldsymbol{q}_t$，$l \neq t$。

步骤（3）的选择方法是为了防止空簇的产生，保证了初始众数多样化，可以产生更好的聚类结果。

k-modes 算法是对 k-均值算法的扩展，该方法解决了 k-均值算法不能处理类别型数据的弊端。引入简单匹配的相异性度量方法度量数据点之间的相异度，用众数代替均值，采用基于频率的方法在聚类过程中不断更新簇中心（众数）以最小化聚类成本函数。这些扩展使 k-均值算法的聚类过程能够有效地对真实的大型非数值型数据进行聚类。与 k-均值算法一样，k-modes 算法也只能收敛于局部最优解，k-modes 算法对初始众数的选择和数据点次序的依赖性过强，当初始众数和数据点次序发生变化时，采用 k-modes 算法得到的聚类结果也可能会发生改变，因此算法的鲁棒性不强。

文献[21]提出了一种适用于分类数据的混合模型，为 k-modes 算法优化的准则提供了概率解释。文献[22]提出了一种模糊 k-modes 算法，该算法是模糊 k-均值算法的一种扩展，通过为不同簇内的数据点分配一个隶属度对原 k-modes 算法进行了改进。文献[23]应用禁忌搜索技术来改进模糊 k-modes 算法。文献[24]提出了一种具有模糊众数的模糊 k-modes 算法。文献[25]提出了一种基于遗传的 k-modes 算法，通过找到给定数据集的全局最优分区得到指定数量的簇，克服了许多基于优化的聚类算法在局部最优分区处停止的缺点。这些方法都是基于简单匹配原则的 k-modes 算法，然而简单匹配往往产生一些内部相异性低的簇并且忽略了属性值之间潜在的不相似性。文献[26]为 k-modes 算法提出一种新的全局关系相异性度量，这种相异性度量方式不仅考虑数据点与所有簇的众数之间的关系，同时还考虑了各种属性之间的差异，而不仅仅是简单匹配。大多数数据聚类算法，包括 k-modes 算法，除了已知的和估计数量的簇外，都还需要随机选择或设定初始中心点（也称为起始条件），这将导致不论采用什么样的度量方式来计算相似性（距离），聚类结果通常依赖于初始中心点选择的问题。文献[27]提出了一种迭代初始点细化算法，克服了 k-modes 算法对初始点敏感的缺点。文献[28]提出了一种计算 k 个初始聚类中心的算法。

Huang[14]在 k-均值算法和 k-modes 算法的基础上提出了能够对既有数值属性又有分类属性的混合型数据进行聚类的 k-prototypes 算法。该方法提出了新的针对混合数据的度量方式，即用 k-均值算法度量数值属性数据，k-modes 算法度量类别属性数据，最终的聚类为两者的加权之和。同时采用 k-均值与 k-modes 结合的方法更新簇的聚类中心。假设 s^r 是由欧几里得距离定义的数值属性数据的相异性度量，s^c 是类别属性数据的相异性度量，则两个数据点之间的相异性定义为 $s^r + \gamma s^c$，其中 γ 是平衡数值数据和类别数据相异性的权值，以避免有利于某一类型的属性。和 k-modes 算法一样，该算法也采用与 k-均值算法一样的聚类过程，所以它保留了对数据挖掘非常重要的 k-均值算法的有效性。

现实世界中的数据库经常遇到的数据是混合型数据，所以由 k-均值算法和 k-modes 算法整合而成的用于对混合型数据进行聚类的 k-prototypes 算法更具有实用性。由属性 $A_1^r, A_2^r, \cdots, A_p^r, A_{p+1}^c, \cdots, A_m^c$ 表示的两个混合型数据点之间的相异性可以表示为

$$d_2(X,Y) = \sum_{j=1}^{p}(\boldsymbol{x}_j - \boldsymbol{y}_j)^2 + \gamma \sum_{j=p+1}^{m} \delta(\boldsymbol{x}_j, \boldsymbol{y}_j) \tag{3.13}$$

式中，第一项是数值属性上的欧几里得距离的平方；第二项是对类别属性的简单匹配相异性度量。权重 γ 避免有利于任一类型的属性。

对混合型数据，运用相异性度量方式，公式（3.13）的代价方程可以写为

$$P(W,Q) = \sum_{l=1}^{k}\left(\sum_{i=1}^{n} w_{i,l} \sum_{j=1}^{p}(x_{i,j} - q_{l,j})^2 + \gamma \sum_{i=1}^{n} w_{i,l} \sum_{j=p+1}^{m} \delta(x_{i,j}, q_{l,j})\right) \tag{3.14}$$

若令

$$P_l^r = \sum_{i=1}^{n} w_{i,l} \sum_{j=1}^{p}(x_{i,j} - q_{l,j})^2 \tag{3.15}$$

$$P_l^c = \gamma \sum_{i=1}^{n} w_{i,l} \sum_{j=p+1}^{m} \delta(x_{i,j}, q_{l,j}) \tag{3.16}$$

则式（3.14）可以写成

$$P(W,Q) = \sum_{l=1}^{k}(P_l^r + P_l^c) \tag{3.17}$$

因为 P_l^r 和 P_l^c 都是非负的，所以最小化 $P(W,Q)$ 相当于最小化 P_l^r 和 P_l^c，$1 \leqslant l \leqslant k$。由于同 k-modes 算法相比只有 $d(\cdot)$ 发生改变，所以同样可以使用 k-modes 算法的算法流程，找到局部最优的 Q^*, W^*。对于给定的 $\hat{Q}$，使用公式（3.14）计算 W，与 k-均值算法的计算方式相同。然后给定 $\hat{W}$，找到使 P_l^r 和 P_l^c 最小的 Q。

3.1 节中已经提到，CLARA 算法旨在对大数据集进行聚类，其将抽样和 PAM 算法结合起来。给定数据集 X 和簇个数 k，PAM 通过找到 k 个中心点（代表性的簇数据点），最小化数据点与其距离最近的中心点的平均相异度对 X 进行聚类。由于 PAM 可以使用任何相异度策略，所以它也可以对具有类别属性的数据点进行聚类。

CLARA 和 k-prototypes 主要区别为：①CLARA 基于样本聚类大数据集，而

k-prototypes 直接在整个数据集上工作。②CLARA 在样本级别优化其聚类结果。如果样本有偏差，则基于样本的好的聚类结果不一定代表整个数据集的好的聚类结果。k-prototypes 算法优化的是整个数据集上的成本函数，所以它至少保证聚类结果局部最优。③CLARA 算法的效率取决于样本的大小，整个数据集越大越复杂，样本就会越大。当样本大小超过一定范围时，CLARA 算法将不再有效，比如有数千个数据点时。而 k-prototypes 算法没有这一限制。

由式（3.17）可以看出，权重γ为 k-prototypes 算法的使用增加了一个难题，可以用数值属性的标准差作为确定γ的参考，但是这还不能当成一般规则。用户对数据的先验知识对于γ的取值很重要。如果用户认为聚类时应该青睐于数值属性，那么就需要一个较小的γ。如果认为类别属性比较重要，那么就需要制定一个比较大的γ。

总的来说，k-modes 算法和 k-prototypes 算法解决了 k-均值算法在许多数据挖掘领域中不能处理分类数据的问题，并且还保留了 k-均值算法在数据挖掘领域中最具有吸引力的属性，即处理大数据集的效率。并且实验证明了这两种算法挖掘数据结构的有效性和可拓展性。一般来说，k-modes 算法比 k-均值算法和 k-prototypes 算法更快，因为它需要较少的迭代就可以达到收敛。虽然实验证实了 k-modes 和 k-prototypes 这两种算法在已知数据集上表现良好，但是，其有效性依赖于对数据集的先验知识。而在实际应用中，很少能够使用这些先验知识。因此使用这两种算法来解决实际的数据挖掘问题时，仍面临常见的问题：数据中具有多少个簇？已经存在许多解决这个问题的技术[29-30]，这些技术可以直接适用于这两种算法。另一个相关问题是聚类结果的验证。在实际应用中，外部指标并不总是适用，因为缺乏对数据的先验知识，所以可能需要考虑内部标准[31]。然而选择有效的内部指数并不是一个微不足道的任务[32-34]。还有一种方法是使用可视化技术来验证聚类结果。

3.3 模糊 k-均值算法

聚类可以分为硬聚类和软聚类两种类型。在硬聚类中，样本被明确定义的簇边界区分开来。但是由于簇边界的重叠性，一个样本可以被指定到一个单个簇或者相异的簇中。此属性限制了硬聚类在现实问题中的应用。为了减少这种限制，Dunn[35]提出了模糊聚类方法，该方法有助于提供更多样本的隶属信息。模糊聚类问题可以分为三个分支：①基于模糊关系的；②基于模糊规则学习的；③基于目标函数优化的。

标准 k-均值算法是一种硬聚类算法，其簇指派步骤规定每个数据点只能属于某一个特定的簇。模糊 k-均值算法[35-36]将其转化为软聚类的版本，每个数据点都有一定的概率属于不同的簇。模糊 k-均值是一种典型的基于目标函数优化的模糊聚类算法，其目标函数可以表示为

$$P(W,Q)=\sum_{l=1}^{K}\sum_{x\in C_k}w_{il}^{\alpha}\left\|\boldsymbol{x}_i-\boldsymbol{q}_l\right\| \tag{3.18}$$

式中，$\boldsymbol{x}_i$ 为数据点；$\boldsymbol{q}_l$ 为簇 l 的聚类中心；w_{il} 表示数据点 $\boldsymbol{x}_i$ 属于簇 l 的权重，即可能性，也可以称为隶属度。每个数据点都会对应一个隶属度，即表示该数据点属于每个簇的可能性程度，所以在簇边缘的数据点可能比位于簇中心的数据点的隶属度低。隶属度矩阵反映了中心点平方范数的 $m-1$ 根的平均值的曲率。参数 $\alpha\geqslant 1$ 控制解“模糊性”，α 的值越大，“模糊”的程度越大。因为最小化目标式（3.18）可能导致平凡解，所以最小化目标式（3.18）需满足以下三个约束方程：

$$\sum_{i=1}^{n}w_{il}>0,\quad \forall l\in\{1,2,\cdots,K\} \tag{3.19}$$

$$\sum_{i=1}^{n}w_{il}=1,\quad \forall i\in\{1,2,\cdots,n\} \tag{3.20}$$

$$0<\sum_{i=1}^{n}w_{il}\leqslant n,\quad \forall l\in\{1,2,\cdots,K\} \tag{3.21}$$

第一个约束条件保证没有空簇，第二个约束条件表示一个数据点可以隶属于多个簇，但是其隶属度之和为 1，第三个约束条件表示所有数据点的隶属度之和不能大于数据点个数，保证一个簇有一个成员，即隶属度大于 0 并且当且仅当 $l=1$ 时，满足 $\sum_{i=1}^{n}w_{il}=n$。

从公式（3.18）可以看出模糊 k-均值算法的目标公式与 k-均值算法类似，唯一区别在于 w_{il} 的取值范围，k-均值算法中 $w_{il}\in\{0,1\}$，即每个数据点的隶属度不是 0 就是 1，也就是说每个数据点只能属于一个簇。而模糊 k-均值算法中 $w_{il}\in[0,1]$，一个数据点可以同时隶属于多个簇，用 0 和 1 之间的隶属度值来度量属于各个簇的程度。

聚类的目标是找到使 $P(W,Q)$ 最小化的 W 和 Q 的最优解。在限制条件式（3.19）～式（3.21）下使目标函数 $P(W,Q)$ 最小化的问题是一种带约束条件的非线性优化问题。因为求解多约束优化问题的全局最优解是非常困难的，所以解决此类问题常用的方法是，首先固定 W 的值，找到使目标函数 $P(W,Q)$ 最小化的 Q 的值，然后固定 Q 的值，找到使目标函数 $P(W,Q)$ 最小化的 W 的值。每次迭代时交替更新 W 和 Q，直到目标函数 $P(W,Q)$ 的值不再发生变化。当算法终止时，就得到了该问题的一个最优解。

定理 3.3 在 $\hat{Q}$ 已知的情况下，求解：

$$\begin{aligned}
&\min_{W} P\left(W,\hat{Q}\right)\\
&\text{s.t.}\ \sum_{i=1}^{n}w_{il}>0,\quad \forall l\in\{1,2,\cdots,K\}\\
&\qquad \sum_{i=1}^{n}w_{il}=1,\quad \forall i\in\{1,2,\cdots,n\}\\
&\qquad 0<\sum_{i=1}^{n}w_{il}\leqslant n,\quad \forall l\in\{1,2,\cdots,K\}
\end{aligned} \tag{3.22}$$

可得，若 $\alpha=1$

$$w_{il}=\begin{cases}1, & d(\boldsymbol{x}_i,\hat{\boldsymbol{q}}_l)\leqslant d(\boldsymbol{x}_i,\hat{\boldsymbol{q}}_h),\ 1\leqslant h\leqslant K\\ 0, & \text{其他}\end{cases} \tag{3.23}$$

若 $\alpha>1$

$$w_{il}=\begin{cases}1, & \boldsymbol{x}_i=\hat{\boldsymbol{q}}_l\\ 0, & \boldsymbol{q}_i=\hat{\boldsymbol{q}}_h, h\neq l\\ \dfrac{1}{\sum\limits_{h=1}^{K}\left(\dfrac{d(\hat{\boldsymbol{q}}_l,\boldsymbol{x}_i)}{d(\hat{\boldsymbol{q}}_h,\boldsymbol{x}_i)}\right)^{1/(x-1)}}, & \boldsymbol{x}_i\neq\hat{\boldsymbol{q}}_l \text{ 并且} \boldsymbol{x}_i\neq\hat{\boldsymbol{q}}_h,\ 1\leqslant h\leqslant K\end{cases} \tag{3.24}$$

对所有 $1\leqslant l\leqslant K,\ 1\leqslant i\leqslant n$ 。

定理 3.4 在隶属度矩阵 $\widehat{W}$ 已知的情况下，求解：

$$\begin{aligned}&\min_{Q} P\left(\widehat{W},Q\right)\\ &\text{s.t. } \sum_{i=1}^{n}w_{il}>0,\quad \forall l\in\{1,2,\cdots,K\}\\ &\qquad \sum_{i=1}^{n}w_{il}=1,\quad \forall i\in\{1,2,\cdots,n\}\\ &\qquad 0<\sum_{i=1}^{n}w_{il}\leqslant n,\quad \forall l\in\{1,2,\cdots,K\}\end{aligned} \tag{3.25}$$

可得到聚类中心：

$$\boldsymbol{q}_k=\frac{\sum\limits_{i=1}^{n}w_{il}^{\alpha}\boldsymbol{x}_i}{\sum\limits_{i=1}^{n}w_{il}^{\alpha}} \tag{3.26}$$

式（3.23）、式（3.24）和式（3.26）以迭代的方式用于更新聚类中心和隶属度矩阵，迭代终止于隶属度矩阵的值变化可以忽略不计或达到迭代次数。模糊 k-均值算法流程见算法 3.3。

算法 3.3 模糊 k-均值算法

输入：簇的数目 k，n 个数据点，收敛阈值 ξ

输出：k 个簇

```
用 0,1 之间的数随机初始化隶属度矩阵 W_0， t=1
repeat
    用公式（3.26）计算聚类中心 Q_t
    用公式（3.23）或公式（3.24）更新隶属度矩阵，得到 W_t 和 W_{t+1}
    t=t+1
until ||W_{t+1} - W_t|| ≤ ξ
q = argmax_k w_{x_i k}。q 表示 x 属于的簇，q ∈ [1,K]
```

Bezdek[36]为模糊 k-均值算法的收敛性提供了理论依据，一般情况下，算法经过 10～25 次迭代达到收敛。该算法最坏的时间复杂度如下：计算所有数据点到中心点的距离的复杂度为$O(nN)$，其中n为数据点个数，N为属性个数，对于所有的簇，则为$O(nNK)$，K为簇个数。如果聚类迭代T次，则最终的时间复杂度为$O(nNKT)$，空间复杂度为$O(n(N+K)+KN)$。

同 k-均值算法一样，模糊 k-均值算法对离群点十分敏感，而且最终的结果受初始值影响很大。为此，Li 等[37]提出了凝聚模糊 k-均值算法，通过在目标函数中引入惩罚项的方式降低算法对初始中心点的敏感度。同时，该算法还可以与簇检验技术结合从而对簇的个数k做出估计。虽然模糊 k-均值算法在某些问题上，比如最大可能性迭代，本身快几个数量级[38]。但对于大的数据集，距离计算、分数幂运算和大数据结构，会导致迭代次数增多，需要消耗大量的 CPU 时间，所以 Cannon 等[39]提出用估计的整数值或实值代替模糊 k-均值目标方程中必要的精确变量，这样就能够利用查表的方法计算欧几里得距离和求幂，就使每次迭代期间的 CPU 时间减少到算法实际执行所需时间的大约六分之一。Szilagyi 等[40]提出了一种高效的模糊 k-均值算法降低时间复杂度，其方法将传统方法中的中心点和隶属度矩阵的更新结合成单个的中心点的更新以解决数据结构的存储，这种变化显著降低了运行时间，因为传统算法的运行时间随簇个数的增加呈指数增长趋势，该方法的运行时间随簇个数的增加呈线性增长趋势。

3.4 模糊 k-modes 算法

与 k-均值算法一样，模糊 k-均值算法也只能对数值型数据集进行聚类。k-modes 算法相对 k-均值算法有三点改进：①对分类数据点使用一个简单的匹配相异性度量方式；②用众数代替簇的均值；③使用基于频率的方法更新簇的众数，以最小化代价函数。这些改进使 k-均值算法突破了只能处理数值型数据的限制，将 k-均值算法拓展到具有分类属性的数据。之后又在模糊 k-均值的基础上，模糊 k-modes 算法被提出[41]。

模糊 k-modes 算法的目标仍是找到使目标函数最小化的 W 和 Q：

$$P(W,Q)=\sum_{l=1}^{K}\sum_{i=1}^{n}w_{il}^{\alpha}d\left(\boldsymbol{x}_i,\boldsymbol{q}_l\right) \tag{3.27}$$

限制条件同模糊 k-均值算法一样，$\alpha\in[1,\infty)$ 是加权指数。求解目标方程的步骤与硬 k-modes 算法类似，即在 W 固定的条件下，更新 Q，然后固定 Q，更新 W。对于 W 的更新方法，仍然可以用定理 3.3 更新。与硬 k-modes 算法的主要不同之处在于聚类中心 Q 的更新。3.2 节中的硬 k-modes 算法使用基于频率的方法更新众数（定理 3.2）。在模糊 k-modes 算法中，众数的更新方法如下。

定理 3.5 模糊 k-modes 算法众数的更新方法：x 是由类别属性 $A_1,A_2,\cdots,A_m$ 描述的具有类别属性的数据集并且 $\mathrm{DOM}\left(A_j\right)=\left\{a_j^{(1)},a_j^{(21)},\cdots,a_j^{(n_j)}\right\}$，其中 n 是属性 A_j 的类别个数，$1\leqslant j\leqslant m$。聚类中心 $\boldsymbol{q}_l$ 可以由 $\left[q_{l1},q_{l2},\cdots,q_{lm}\right]$ 表示，$1\leqslant l\leqslant k$。目标函数 $\sum_{l=1}^{K}\sum_{i=1}^{n}w_{il}^{\alpha}d\left(\boldsymbol{x}_i,\boldsymbol{q}_l\right)$ 取最小值，当且仅当 $q_{lj}=a_j^{(r)}\in\mathrm{DOM}\left(A_j\right)$，其中

$$\sum_{i,x_{ij}=\alpha_j^{(r)}}w_{il}^{\alpha}\geqslant\sum_{i,x_{ij}=\alpha_j^{(t)}}w_{il}^{\alpha},\quad 1\leqslant t\leqslant n_j \tag{3.28}$$

式中，$1\leqslant j\leqslant m$。

证明：对于给定的W，目标函数$\sum_{l=1}^{K}\sum_{i=1}^{n}w_{il}^{\alpha}d\left(\boldsymbol{x}_i,\boldsymbol{q}_l\right)$内部各项是非负且相互独立的。最小化$\sum_{l=1}^{K}\sum_{i=1}^{n}w_{il}^{\alpha}d\left(\boldsymbol{x}_i,\boldsymbol{q}_l\right)$，相当于最小化每一个内部加和。可以将第$l$次加和$1\leqslant l\leqslant k$写成

$$
\begin{aligned}
\sum_{i=1}^{n}w_{il}^{\alpha}d\left(\boldsymbol{q}_l,\boldsymbol{x}_i\right)&=\sum_{i=1}^{n}w_{il}^{\alpha}\sum_{j=1}^{m}\delta\left(q_{lj},x_{ij}\right)\\
&=\sum_{j=1}^{m}\left(\sum_{t=1}^{n_j}\left(\sum_{i,x_{ij}=\alpha_j^{(t)}}w_{il}^{\alpha}-\sum_{i,x_{ij}=q_{lj}}w_{il}^{\alpha}\right)\right)\\
&=\sum_{j=1}^{m}\sum_{i=1}^{n}w_{il}^{\alpha}\delta\left(q_{lj},x_{ij}\right)
\end{aligned}
\tag{3.29}
$$

因为对于所有$1\leqslant l\leqslant k$和$1\leqslant i\leqslant n$，w_{li}^{α}是确定并且非负的，所以$\sum_{t=1}^{n_j}\sum_{i,x_{ij}=\alpha_j^{(t)}}w_{il}^{\alpha}$是定值并且非负的。故而最小化$\sum_{i=1}^{n}w_{il}^{\alpha}d\left(\boldsymbol{q}_l,\boldsymbol{x}_i\right)$相当于最大化$\sum_{t=1}^{n_j}\sum_{i,x_{ij}=q_{lj}}w_{il}^{\alpha}$。因此定理 3.5 成立。

根据定理 3.5 可知簇的众数q_l的属性A_j的类别取值为对所有类别簇l的w_{il}之和的最大值。如果最小值不是唯一的，那么簇的众数的属性类别则被任意分配给公式（3.29）中第一个最小化的索引t。根据定理 3.3 和定理 3.5，结合 3.2 节中硬 k-modes 算法的算法流程可以得到模糊 k-modes 算法。每次迭代时根据定理 3.5 更新簇的众数，根据定理 3.3 更新隶属度矩阵。硬 k-modes 算法是模糊 k-modes 算法在$\alpha=1$时的一个特例。

由 3.2 节可知，Huang[14]同时提出了用于类别属性数据的 k-modes 算法和混合属性的 k-prototypes 算法，根据同样的思路，Huang 等[41]将模糊理论与 k-prototypes 算法结合提出了模糊 k-prototypes 算法，用于处理混合型数据。其算法流程与模糊 k-modes 算法类似，这里不再赘述。模糊 k-prototypes 算法的空间复杂度为$O\left(mn+km+kn+kM\right)$，其中$k$是簇个数，$m$是属性个数，$n$是数据点个数，$M=p+\sum_{i=p+1}^{n}n_i$。该算法需要存储$n\times m$的数据点矩阵、$k\times n$的隶属度矩阵、$k\times m$的

中心矩阵和所有数值数据或分类数据。因此模糊 k-prototypes 算法对于具有少量不同值的中等数据库是可行的。如果内存空间充足，模糊 k-prototypes 算法的时间复杂度为 $O(kmn)$，比其他聚类算法相对要快。

3.5 核 k-均值算法

标准 k-均值算法在处理线性可分的数据集时会表现出很好的效果，这表现为在数据集中，从属于同一个类别的数据点之间是紧致的，而不同的类别之间是分散的。而当数据集中包含的数据点所构成的簇在形状和密度上都有着很大的差异时，k-均值算法就无法发挥其效果了。核 k-均值（kernel k-means）算法通过将数据进行映射转换来解决这一问题。核 k-均值算法的主要思想是通过一个非线性映射，将输入空间中的数据点映射到一个高维特征空间中，并选取合适的核函数代替非线性映射的内积，在特征空间中进行聚类分析。这种将数据映射到高维空间的方法可以突出样本类别之间的特征差异，使得样本在核空间中变得线性可分（或近似线性可分）。核 k-均值算法相当于 k-均值算法在特征空间的实施，所以两者的算法流程和目标函数基本一致，只是转换了表示方法。

给定向量集合 $\boldsymbol{a}_1,\boldsymbol{a}_2,\cdots,\boldsymbol{a}_n$，核 k-均值算法的目标就是通过最小化以下目标方程找到簇 $\pi_1,\pi_2,\cdots,\pi_k$：

$$D\left(\left\{\pi_c\right\}_{c=1}^k\right)=\sum_{c=1}^k\sum_{\boldsymbol{a}_i\in\pi_c}\left\|\phi(\boldsymbol{a}_i)-\boldsymbol{m}_c\right\|^2,\quad \boldsymbol{m}_c=\frac{\sum_{\boldsymbol{a}_i\in\pi_c}\phi(\boldsymbol{a}_i)}{\left|\pi_c\right|} \tag{3.30}$$

式中，$\boldsymbol{a}_i$ 表示数据点；$\phi()$ 表示将数据点映射到高维空间的映射函数；$\boldsymbol{m}_c$ 表示每个簇的中心点；第 c 个簇定义为 π_c。标准 k-均值算法的一个缺点就是簇之间必须用超平面进行分割，这是因为标准 k-均值算法使用欧几里得距离作为失真度量。核 k-均值算法使用一个核函数将数据点映射到更高维的特征空间。当在该特征空间中应用 k-均值时，该特征空间中的线性分隔符对应于输入空间中的非线性分离器。将 k-均值算法拓展到核 k-均值算法的关键就是在核空间中计算欧几里得距离。如果将目标方程中计算距离的公式 $\left\|\phi(\boldsymbol{a}_i-\boldsymbol{m}_c)\right\|$ 展开，可以得到

$$\phi(\boldsymbol{a}_i)\cdot\phi(\boldsymbol{a}_j)-\frac{\sum\limits_{\boldsymbol{a}_j\in\pi_c}\phi(\boldsymbol{a}_i)\cdot\phi(\boldsymbol{a}_j)}{|\pi_c|}+\frac{\sum\limits_{\boldsymbol{a}_j,\boldsymbol{a}_l\in\pi_c}\phi(\boldsymbol{a}_j)\cdot\phi(\boldsymbol{a}_l)}{|\pi_c|^2} \tag{3.31}$$

由此可以看出，在计算数据点到中心点之间的欧几里得距离时只用到了内积，因此，如果给定了核矩阵 K ，其中 $K_{ij}=\phi(\boldsymbol{a}_i)\cdot\phi(\boldsymbol{a}_j)$，这样计算数据点与中心点之间的距离时就不需要知道 $\phi(\boldsymbol{a}_i)$ 和 $\phi(\boldsymbol{a}_j)$ 的明确表示。

核函数 k 经常用于将原始数据映射到内积。常用的核函数 $k(\boldsymbol{a}_i,\boldsymbol{a}_j)=K_{ij}$ 。

（1）多项式核函数：$k(\boldsymbol{a}_i,\boldsymbol{a}_j)=(\boldsymbol{a}_i\cdot\boldsymbol{a}_j+c)^d$ 。

（2）高斯核函数：$k(\boldsymbol{a}_i,\boldsymbol{a}_j)=\exp\left(-\|\boldsymbol{a}_i-\boldsymbol{a}_j\|^2/2\alpha^2\right)$ 。

（3）sigmoid 核函数：$k(\boldsymbol{a}_i,\boldsymbol{a}_j)=\tanh\left(c(\boldsymbol{a}_i\cdot\boldsymbol{a}_j+\theta)\right)$ 。

核 k-均值算法流程见算法 3.4。

算法 3.4　核 k-均值算法

输入：簇的数目为 k ， n 个数据点

输出： k 个簇

从核空间中随机选择 k 个样本数据作为初始聚类中心

repeat

　　在核空间中，按照公式（3.30）计算每个数据点 $\phi(a_i)$ 到中心点的距离

　　将每个数据点分配到其距离最近的中心点所代表的簇中

　　将得到的簇中每个数据点分别作为该簇的中心点

　　计算所有数据点到中心点的距离

　　选择距离之和最小的中心点作为该簇新的中心点，并计算新的目标值

until 目标值达到收敛

虽然从 k-均值到核 k-均值的扩展只是通过核的形式计算距离。但是这种形式的改变，却产生了比较严重的问题，例如，由于反复计算内核值，特别是当数据集非常大或维度非常高时，会导致聚类成本非常高，或者因为内存存储不足，而无法存储内核矩阵，因为需要计算并存储一个 $n\times n$ 的核函数矩阵，这将导致其不能对大规模的数据进行处理。文献[42]、[43]已提出一些解决方案来加速聚类，但是所有这些方法都是基于已知的样本形式或者数据集的一些属性，例如，一些技

术需要知道数据集的维度和核 k-均值无法使用的数据值的范围。Zhang 等[44]提出了一种新的聚类方案，首先将聚类顺序从传统的样本序列转变到核序列，使得可以用更有效的方式处理内核矩阵。此外，使用磁盘空间来弥补内存不足，因此理论上内核矩阵可以扩展到整个磁盘的大小，实验证明这种方法对于大型语料库是非常有效的。

因为权重在显示图形等价分割方面起着关键性作用，所以将加权的核 k-均值算法与谱聚类算法结合起来的聚类算法比较流行[45]。上文已经提到可以通过使用核函数来增强 k-均值聚类算法，通过使用从原始（输入）空间到较高维特征空间的适当的非线性映射，可以得到在输入空间中非线性分离的聚类。此外，还可以通过引入由 $w(\boldsymbol{a})$ 表示的每个点 $\boldsymbol{a}$ 的权重来推广核 k-均值算法。加权核 k-均值算法的目标方程定义如下：

$$D\left(\{\pi_c\}_{c=1}^{k}\right)=\sum_{c=1}^{k}\sum_{\boldsymbol{a}_i\in\pi_c}w_i\left\|\phi\left(\boldsymbol{a}_i-\boldsymbol{m}_c\right)\right\|^2,\quad \boldsymbol{m}_c=\frac{\sum\limits_{\boldsymbol{a}_i\in\pi_c}w_i\phi\left(\boldsymbol{a}_i\right)}{\sum\limits_{\boldsymbol{a}_i\in\pi_c}w_i} \tag{3.32}$$

权重 w_i 是非负的，$\boldsymbol{m}_c$ 表示最好的簇代表数据点，即聚类中心：

$$\boldsymbol{m}_c=\arg\min_{z}\sum_{\boldsymbol{a}_i\in\pi_c}w_i\left\|\phi\left(\boldsymbol{a}_i-\boldsymbol{m}_z\right)\right\|^2 \tag{3.33}$$

如前所述，使用内积计算聚类，因为 $\left\|\phi\left(\boldsymbol{a}_i-\boldsymbol{m}_c\right)\right\|^2$ 相当于

$$\phi\left(\boldsymbol{a}_i\right)\cdot\phi\left(\boldsymbol{a}_j\right)-\frac{2\sum\limits_{\boldsymbol{a}_j\in\pi_c}w_j\phi\left(\boldsymbol{a}_i\right)\cdot\phi\left(\boldsymbol{a}_j\right)}{\sum\limits_{\boldsymbol{a}_j\in\pi_c}w_j}+\frac{\sum\limits_{\boldsymbol{a}_j,\boldsymbol{a}_l\in\pi_c}w_jw_l\phi\left(\boldsymbol{a}_j\right)\cdot\phi\left(\boldsymbol{a}_l\right)}{\left(\sum\limits_{\boldsymbol{a}_j\in\pi_c}w_j\right)^2} \tag{3.34}$$

使用核矩阵 $\boldsymbol{K}$，上述方程可以写成

$$K_{ij}-\frac{2\sum\limits_{\boldsymbol{a}_j\in\pi_c}w_jK_{ij}}{\sum\limits_{\boldsymbol{a}_j\in\pi_c}w_j}+\frac{\sum\limits_{\boldsymbol{a}_j,\boldsymbol{a}_l\in\pi_c}w_jw_lK_{jl}}{\left(\sum\limits_{\boldsymbol{a}_j\in\pi_c}w_j\right)^2} \tag{3.35}$$

内积 $\phi\left(\boldsymbol{a}_i\right)\cdot\phi\left(\boldsymbol{a}_j\right)$ 可以由上述核函数计算并包含在核矩阵 $\boldsymbol{K}$ 中。所有的计算都

是以这种内积的形式进行的，因此可以通过核矩阵的元素替代所有内积值。加权核 k-均值算法的算法流程见算法 3.5。

算法 3.5 加权核 k-均值算法

输入：簇的数目 k ，n 个数据点，最大迭代次数 $t_{\max}$

输出：k 个簇

随机初始化 k 个簇 $\pi_1^{(0)},\pi_2^{(0)},\cdots,\pi_k^{(0)}$ ，令 $t=0$

repeat

　　对于每个数据点 $\boldsymbol{a}_i$ 和每个簇 c ，根据式（3.35）计算每个数据点到每个簇中心的距离

　　将每个数据点分配给距离它最近的簇

　　根据 $\pi_c^{(t+1)}=\left\{a:c^*\left(\boldsymbol{a}_i\right)=c\right\}$ 更新簇

until 算法收敛或 $t>t_{\max}$

输出最终的聚类结果 $\left\{\pi_c\right\}_{c=1}^{k}$

下面简单分析一下上述加权核 k-均值算法的计算复杂度。该算法是标准 k-均值算法的直接泛化。在标准 k-均值算法中，给定当前质心，计算每个数据点距离最近的质心。之后，重新计算质心。重复这两个步骤，直到目标函数的变化足够小。可以看出，只要 $\boldsymbol{K}$ 是半正定的，这个算法就会单调收敛，可以将其解释为一个 Gram 矩阵。很明显，核 k-均值算法的瓶颈是第二个步骤，即每个数据点到聚类中心的距离 $d\left(\boldsymbol{a}_i,\boldsymbol{m}_c\right)$ 的计算。公式（3.35）中，第一项 K_{ij} 对于数据点 $\boldsymbol{a}_i$ 是一个常数，它不会影响数据点 $\boldsymbol{a}_i$ 分配给哪一个簇；第二项对于每一个数据点需要 $O(n)$ 次计算，因此每次迭代的复杂度为 $O\left(n^2\right)$；第三项对于簇 c 是固定值，因此每次迭代只需要计算并存储一次。对于所有簇，这项需要 $O\left(\sum_c\left|\pi_c\right|^2\right)=O\left(n^2\right)$ 次操作，因此每次迭代的复杂度为 $O\left(n^2\right)$。然而，对于一个稀疏的核矩阵 $\boldsymbol{K}$ ，每次迭代只需要 $O(nz)$ 次操作，其中 nz 是矩阵 $\boldsymbol{K}$ 的非零项个数（对于密集的核矩阵，$nz=n^2$ ）。如果使用核函数 κ 从数据集中产生核矩阵，计算 $\boldsymbol{K}$ 通常需要 $O\left(n^2 m\right)$，其中 m 是原数据的维度。设总迭代次数是 τ ，如果输入的是数据矩阵，则该算法的时间复杂度为 $O\left(n^2(\tau+)m\right)$ ，如果输入的是一个正定矩阵，该算法的时间复杂度为 $O(nz\cdot\tau)$ 。

仔细分析会发现，当遇到大语料库时，核 k-均值算法会存在一个严重的问题。由于要计算和存储 $n \times n$ 的内核矩阵，所以该算法只适用于小语料库。当数据集比较大，维度比较高时，需要反复计算 $\boldsymbol{K}$ ，这将导致较高的计算成本。因此应该将核计算从聚类中分离出来，在算法之前，计算出包含所有核的核矩阵 $\boldsymbol{K}$ 。但是，这可能会导致另外一个问题，就是如果核矩阵 $\boldsymbol{K}$ 太大，在内存中也难以存储。虽然 Herwig 等[46]提出过加速大语料库聚类的技术，但是那些方法一般都基于知道样本的具体形式或数据集的某些属性。例如一些技术需要知道数据的维度或取值范围。核 k-均值算法预先是不知道这些信息的。为了克服这一障碍，Zhang 等[44]提出了针对大规模数据的核 k-均值聚类方法。首先该方法将聚类顺序从样本序列变为内核序列，这样有助于有效地处理内核矩阵 $\boldsymbol{K}$ ，并使用磁盘空间弥补内存的不足。理论上 $\boldsymbol{K}$ 的大小可以扩展到与整个磁盘一样大。具体操作是将 $\boldsymbol{K}$ 分割成大小根据输入/输出（I/O）能力和内存容量确定的块。例如，如果 $\boldsymbol{K}$ 具有 N^2 个核，内存可以存储的数量为 S^2 ，则 $\boldsymbol{K}$ 可以被分成 $\frac{N^2}{2S^2}$ 块。这些块可以被成功移入内存并进行处理。因为块是作为整体移动的，所以移动整个 $\boldsymbol{K}$ 的操作数相当于能够划分的块数的最小值。

将内核矩阵划分成块并一次使用内核矩阵的一块的方法减少了内存需求，虽然这种技术可以处理内存复杂度问题，但是仍需要计算完整的内核矩阵。一种朴素的降低核 k-均值算法复杂度的方法是从数据集中随机抽取 m 个数据点进行聚类，并根据这些样本点找到簇中心，然后将非样本点划分到与其距离最近的簇中心所代表的簇内。虽然这种方法可以减少运行复杂度和内存需求，但是其聚类性能与完整的核 k-均值不可相比，除非提供充分大的样本数据。Chitta 等[47]提出了一种同时降低时间和空间复杂度的近似核 k-均值算法。该方法降低核 k-均值算法复杂度是基于一个简单但是非常重要的观察结果，即核 k-均值算法需要计算完整的内核矩阵 $\boldsymbol{K}$ 是因为簇中心 $\left\{c_k(\cdot), k \in [C]\right\}$ 是所有数据点的一个线性组合，换句话说，簇中心位于所有数据点跨越的子空间中，如 $c_k(\cdot) \in H_a = \operatorname{span}\left(\kappa(\boldsymbol{x}_1,\cdot), \kappa(\boldsymbol{x}_2,\cdot), \cdots, \kappa(\boldsymbol{x}_n,\cdot)\right), k \in [C]$。因此，如果限制簇中心的解在一个更小的子空间内 $H_b \subset H_a$ ，就可以避免计算整个核矩阵。最终该算法的时间复杂度为$O(mn)$，与经典的核 k-均值算法的复杂度$O(n^2)$相比，有效地减少了处理大数据的运行时间和内存需求。

3.6 二分 k-均值算法

二分 k-均值（bisecting k-means，BK）算法[10]也是 k-均值聚类算法的一个变体，是一种分层聚类方法，就像是 k-均值算法与层次聚类的组合。k-均值算法是在每次迭代时将整个数据集划分成k个簇，而二分 k-均值算法在每次二分步骤时（通过使用 k-均值算法）将一个簇分成两个子簇，直到得到k个簇。k-均值算法的缺点之一就是对初始中心点的选择比较敏感，传统 k-均值方法一般随机选取初始中心点，导致聚类结果不确定，不能产生均衡的簇，而二分 k-均值算法可以有效地改善这种情况。

二分 k-均值算法是 k-均值算法的一个变体。该算法的关键思想是每次迭代只有一个簇被划分为两个子簇。开始时将整个数据集作为一个簇，每次迭代，选择一个簇，然后利用常规 k-均值算法将它分解成为两个子簇，划分标准就是保证两个子簇的总 SSE 最小。之后迭代地重复这个二分过程，直到得到所需数量的簇或满足预先设定的停止标准。

二分 k-均值算法的具体执行过程见算法 3.6。

算法 3.6　二分 k-均值算法

输入：簇的数目k，n个数据点，收敛阈值ξ，迭代次数I

输出：k个簇$C=\{C_1,C_2,\cdots,C_k\}$

将整个数据集作为一个初始簇C_1

repeat

　　for $i=1$ **to** $2I$

　　　　repeat

　　　　　　从C_j中选择两个数据点作为簇中心点

　　　　　　对于簇中的每个数据点，计算其到两个中心点的距离

　　　　　　将每个数据点分配到与其距离最近的中心点所代表的簇中

续表

8	重新计算中心点
9	**until** 收敛
10	将新划分的两个簇加到簇集合中，并将簇 C_j 移除
11	**end for**
12	从簇集合中按照某种规则选择下一个需要执行二分的簇
13	**until** 直到簇集合中有 k 个簇

关于选择哪一个簇进行二分，有许多不同的规则，例如，一种可以选择上一次迭代结束时最大的簇进行划分，另一种是每次选之前首先计算每个簇的 SSE，然后选择 SSE 最大的簇，通过实验证明这两种方法最终的聚类结果区别不大。由于需要 I 次执行 k-均值，每次执行后都会产生两个簇，计算每次产生的两个簇的总 SSE，最终选择总 SSE 最小的簇作为划分以后的簇，这样可以保证每次执行后得到一个局部最优解。

二分 k-均值算法的计算复杂度取决于每次二分步骤（算法 3.6 的第 4～10 行）中 C_j 的大小 n_j，数据点的维度 d、划分的簇数 k、每次二分步骤中 k-均值算法的循环次数 L 和二分步骤的迭代次数 I。在二分步骤中，计算步骤（算法 3.6 的第 6 行）需要 $f\left(n_j,2,d\right)$ 步操作，中心点更新步骤（算法 3.6 的第 7 行）需要 $2d$ 步操作。由于每次二分步骤产生一个簇，所以需要 $k-1$ 次二分步骤才能产生 k 个簇。因此，二分 k-均值算法的时间复杂度可以表示为

$$T_{\mathrm{BK}}=\left(f\left(\overline{n_j},2,d\right)+2d\right)\bar{L}I\left(k-1\right)t \tag{3.36}$$

式中，$\overline{n_j}$ 是每次二分步骤时 C_j 的平均大小；$\bar{L}$ 是一次二分步骤的每次迭代 k-均值算法的平均循环次数。根据假设 $\overline{n_j}$ 远大于 d 和 k，公式（3.36）可以重写成

$$T_{\mathrm{BK}}=\frac{2F}{k}\overline{n_j}d\bar{L}I\left(k-1\right)t,\quad 当\overline{n_j}\leqslant n \tag{3.37}$$

从公式（3.37）可以看出，当 k 非常大时，二分 k-均值算法比 k-均值算法更有效。k-均值算法每次循环时涉及 n 和 k，而二分 k-均值算法在每次二分步骤的迭代计算涉及 $\overline{n_j}\left(\overline{n_j}\leqslant n\right)$ 和 $\dfrac{2\left(k-1\right)}{k}\approx 2$（当 k 非常大时）。

由于二分 k-均值算法是基于 k-均值算法的，它保持了 k-均值算法的优点，并且还具有优于 k-均值算法的一些优点。首先，如果簇数量较大，二分 k-均值算法要比常规 k-均值算法更有效。对于 k-均值算法，每次迭代的计算涉及数据集中的每个数据点和 k 个中心点，而在二分 k-均值算法的二分步骤中，只有一个簇中的数据点和两个中心点涉及计算，因此计算时间减少。除此之外，二分 k-均值算法倾向于产生大小类似的簇，而 k-均值算法产生的簇大小不一。而且二分 k-均值算法产生的簇比 k-均值算法产生的簇的熵值更小。同 k-均值算法一样，二分 k-均值算法不适用于非球形簇的聚类，而且对于不同尺寸和密度的类型的簇，也不太适合。并且该算法的时间复杂度随实体数量线性增长。

二分 k-均值算法在许多应用中都非常具有吸引力，如文档检索/索引和基因表达分析等问题。然而在某些情况下，只有一部分数据集被遗留下来，所以没有办法在二叉树的每个级别重新聚集整个数据集，这将导致最终的聚类结果收敛于局部最优解，所以需要一种“求精法”来对所得到的解决方案重新进行优化。在这个混合模型中，k-均值等到二分 k-均值完成聚类之后，将最终的中心点作为初始中心点再次进行优化。但是，这个对最终结果进行增强的一个缺陷就是 k-均值算法必须等到前一个二分 k-均值算法聚类完成之后才能进行聚类。Kashef 等[48]提出了一种协同二分 k-均值算法结合传统二分 k-均值算法生成的分层二叉树的每个级别分裂簇的方法，以及与 k-均值算法同步进行的中间操作。新的合作二分 k-均值（cooperative bisecting k-means，CBKM）算法可以应用于不同类型和配置的数据集。CBKM 算法可以获得最佳聚类结果。

Archetti 等[49]提出一种诱导二分 k-均值（induced bisecting k-means）算法，该算法与二分 k-均值算法的区别在于初始质心的选择和簇拆分规则。该算法选择其父簇里距离最远的两个点作为两个子簇的初始质心，并将簇相似度小于阈值参数 τ 的簇分裂成 k 个子簇。因此最优簇数量 k 由参数 τ 控制，主要优点是用户不必预先指定输入参数 k 和 I 。该算法特别适用于注重计算效率的在线应用。实验结果表明，在计算时间和准确性方面，诱导二分 k-均值算法优于标准二分 k-均值算法。诱导二分 k-均值算法的运行时间低于标准二分 k-均值算法是因为它的收敛更快，即需要较少的迭代。因此该算法特别适用于注重计算效率的在线应用。

Liu 等[50]提出了一种新的基于核的二分 k-均值算法并进一步将其与随后的样本去除过程相结合，开发了一种新的名为 KBK-SR 的样本简约算法，有效地减少了支持向量机（support vector machine，SVM）的训练样本。KBK-SR 中的核二分 k-均值算法倾向于在内核特征空间中产生大小类似的平衡簇，使 KBK-SR 有效减少非线性 SVM 的训练样本，可以采用非常短的时间，显著加速 SVM 训练，同时保持较高的测试准确率。

二分 k-均值算法的结果对初始质心和异常值数据点的选择很敏感。少数这样的离群数据可能导致二分 k-均值算法收敛到局部最优值，并且基本上都会影响最终的聚类结果。一些研究者认为二分 k-均值算法比其他聚类算法收敛快但是通常聚类结果不够精确。簇的质心的初始选择决定了二分 k-均值的主要处理和数据集的分割结果。二分 k-均值的主要处理是搜索初始解附近的局部最优解并进一步细化划分结果。如果使用其他任何技术可以获得初始聚类中心，则二分 k-均值算法可以很好地改进聚类质心以找到最优聚类中心。因此，有必要采用一切其他的全局最优搜索算法来产生初始的聚类质心。黑洞（black hole, BH）算法可以用于为二分 k-均值算法产生很好的聚类质心，所以 Eskandarzadehalamdry 等[51]提出了一种高精度聚类的混合方法，即混合黑洞+二分 k-均值聚类算法（简称混合 BH+BK 算法），可以更快地聚类，并避免被困在局部最优解中。混合黑洞+二分 k-均值聚类算法主要包括两个模块：黑洞（BH）模块和二分 k-均值（BK）模块。这两个模块分别完成全局搜索阶段和局部精简阶段。在初始阶段，执行 BH 模块，其可以在短时间内通过全局搜索发现最优解的近邻，同时可以避免消耗高的计算量。BH 模块的结果被用作 BK 模块的初始种子。二分 k-均值算法用来优化和生成最终的聚类结果。混合 BH+BK 算法流程见算法 3.7。

算法 3.7 混合 BH+BK 算法

输入：簇的数目 k ， n 个数据点

输出： k 个簇

```
repeat
    启动 BH 聚类过程，直到达到迭代次数的最大值并且 k = 2
    将 BH 聚类结果作为 BK 模块的初始质心向量
    启动二分 k-均值聚类过程直到迭代次数达到最大值
until 得到 k 个簇
```

实验结果显示混合 BH+BK 算法的执行顺序非常重要。如果在 BH 模块之前先执行 BK 模块会降低 BH 算法全局搜索的能力，并且降低整个算法的性能。真实数据集上的实验结果表明，混合 BH+BK 算法在寻找簇中心方面比单个方法具有更高的性能。

参考文献

[1] Kaufman L, Rousseeuw P J. Clustering by means of medoids[C]//Proceeding in Statistical Data Analysis Based on the L1 Norm Conference, Neuchatel, 1987: 405-416.

[2] Kaufman L, Rousseeuw P J. Finding Groups in Data: An Introduction to Cluster Analysis[M]. Yankee Ferry: John Wiley & Sons, 2009.

[3] Ng R T, Han J. Efficient and effective clustering methods for spatial data mining[C]// Proceedings of the 20th International Conference on Very Large Databases. San Francisco, CA: Morgan Kaufmann, 1994: 144-155.

[4] Krishnapuram R, Joshi A, Yi L. A fuzzy relative of the k-medoids algorithm with application to web document and snippet clustering[C]//Fuzzy Systems Conference Proceedings. FUZZ-IEEE’99, 1999: 1281-1286.

[5] van der Laan M, Pollard K, Bryan J. A new partitioning around medoids algorithm[J]. Journal of Statistical Computation & Simulation, 2003, 73(8): 575-584.

[6] Zhang Q, Couloigner I. A new and efficient k-medoid algorithm for spatial clustering[C]// International Conference on Computational Science and Its Applications. Berlin, Heidelberg: Springer, 2005: 181-189.

[7] Park H S, Jun C H. A simple and fast algorithm for k-medoids clustering[J]. Expert Systems with Applications, 2009, 36(2): 3336-3341.

[8] Mohammed M. An efficient density based improved k-medoids clustering algorithm[J]. International Journal of Computer & Distributed System, 2012, 2(1): 102-107.

[9] Zhang T, Ramakrishnan R, Livny M. BIRCH: an efficient data clustering method for very large databases[J]. ACM Sigmod Record, 1996, 25(2): 103-114.

[10] Steinbach M, Karypis G, Kumar V. A comparison of document clustering techniques[C]//KDD workshop on text mining, 2000: 525-526.

[11] Vinod H D. Integer programming and the theory of grouping[J]. Journal of the American Statistical Association, 1969, 64(326): 506-519.

[12] Jhun M, Jin S. On a modified k-spatial medians clustering[J]. Journal of the Korean Statistical Society, 2000(2): 247-260.

[13] García-Escudero L Á, Gordaliza A. Robustness properties of k means and trimmed k means[J]. Journal of the American Statistical Association, 1999, 94(447): 956-969.

[14] Huang Z. Extensions to the k-means algorithm for clustering large data sets with categorical values[J]. Data Mining and Knowledge Discovery, 1998, 2(3): 283-304.

[15] Schölkopf B, Smola A, Müller K R. Nonlinear component analysis as a kernel eigenvalue problem[J]. Neural Computation, 2008, 10(5): 1299-1319.

[16] Moore A W. Very fast EM-based mixture model clustering using multiresolution kd-trees[C]. Advances in Neural Information Processing Systems, 1997: 543-549.

[17] He Z, Deng S, Xu X. Improving K-Modes Algorithm Considering Frequencies of Attribute Values in Mode[M]. Berlin Heidelberg: Springer, 2005: 157-162.

[18] Mar O, Huynh V N, Nakamori Y. An alternative extension of the k-means algorithm for clustering categorical data[J]. International Journal of Applied Mathematics & Computer Science, 2004, 14(2): 241-247.

[19] Ng M K, Li M J, Huang J Z, et al. On the impact of dissimilarity measure in k-modes clustering algorithm[J]. IEEE Transactions on Pattern Analysis and Machine Intelligence, 2007, 29(3): 503-507.

[20] Celebi M E. Effective initialization of k-means for color quantization[C]//IEEE International Conference on Image Processing, 2009: 1649-1652.

[21] Nadif M. Clustering large categorical data[C]//Pacific-Asia Conference on Advances in Knowledge Discovery and Data Mining. Berlin: Springer-Verlag, 2002: 257-263.

[22] Burrough P A, Gaans P F M V, Macmillan R A. High-resolution landform classification using fuzzy k-means[J]. Fuzzy Sets & Systems, 2000, 113(1): 37-52.

[23] Ng M K, Wong J C. Clustering categorical data sets using tabu search techniques[J]. Pattern Recognition, 2002, 35(12): 2783-2790.

[24] Kim D W, Lee K H, Lee D. Fuzzy clustering of categorical data using fuzzy centroids[J]. Pattern Recognition Letters, 2004, 25(11): 1263-1271.

[25] Gan G, Yang Z, Wu J. A genetic k-modes algorithm for clustering categorical data[C]//ADMA, 2005: 195-202.

[26] Zhou H, Zhang Y, Liu Y. A global-relationship dissimilarity measure for the k-modes clustering algorithm[J]. Computational Intelligence and Neuroscience, 2017(5): 1-7.

[27] Sun Y, Zhu Q, Chen Z. An iterative initial-points refinement algorithm for categorical data clustering[J]. Pattern Recognition Letters, 2002, 23(7): 875-884.

[28] Khan S S, Ahmad A. Cluster center initialization algorithm for K-modes clustering[J]. Expert Systems With Applications, 2013, 40(18): 7444-7456.

[29] Dubes R C. How many clusters are best?-An experiment[J]. Pattern Recognition, 1987, 20(6): 645-663.

[30] Milligan G W, Cooper M C. An examination of procedures for determining the number of clusters in a data set[J]. Psychometrika, 1985, 50(2): 159-179.

[31] Jain A K, Dubes R C. Algorithms for clustering data[J]. Technometrics, 1988, 32(2): 227-229.

[32] Dubes R, Jain A K. Validity studies in clustering methodologies[J]. Pattern Recognition, 1979, 11(4): 235-254.

[33] Milligan G W. A Monte Carlo study of thirty internal criterion measures for cluster analysis[J]. Psychometrika, 1981, 46(2): 187-199.

[34] Milligan G W, Isaac P D. The validation of four ultrametric clustering algorithms[J]. Pattern Recognition, 1980, 12(2): 41-50.

[35] Dunn J C. A fuzzy relative of the ISODATA process and its use in detecting compact well-separated clusters[J]. Cybernetics, 1973, 3(3): 32-57.

[36] Bezdek J C. A convergence theorem for the fuzzy ISODATA clustering algorithms[J]. IEEE Transactions on Pattern Analysis and Machine Intelligence, 1980, 2(1): 1-8.

[37] Li M J, Ng M K, Cheung Y M, et al. Agglomerative fuzzy k-means clustering algorithm with selection of number of clusters[J]. IEEE Transactions on Knowledge & Data Engineering, 2008, 20(11): 1519-1534.

[38] Bezdek J C, Hathaway R J, Huggins V J. Parametric estimation for normal mixtures[J]. Pattern Recognition Letters, 1985, 3(2): 79-84.

[39] Cannon R L, Dave J V, Bezdek J C. Efficient implementation of the fuzzy c-means clustering algorithms[J]. IEEE Transactions on Pattern Analysis and Machine Intelligence, 1986(2): 248-255.

[40] Szilagyi L, Benyo Z, Szilágyi S M, et al. MR brain image segmentation using an enhanced fuzzy c-means algorithm[C]//Proceedings of the 25th Annual International Conference of the IEEE, 2003: 724-726.

[41] Huang Z, Ng M K. A fuzzy k-modes algorithm for clustering categorical data[J]. IEEE Transactions on Fuzzy Systems, 1999, 7(4): 446-452.

[42] Douglass R, Karger, David R, et al. Scatter/gather: a cluster-based approach to browsing large document collections[C]//Proceedings of the 15th Annual International ACM SIGIR Conference on Research and Development in Information Retrieval, 1992: 318-329.

[43] Pelleg D, Moore A. Accelerating exact k-means algorithms with geometric reasoning[C]//Proceedings of the Fifth ACM SIGKDD International Conference on Knowledge Discovery and Data Mining, New York, 1999: 277-281.

[44] Zhang R, Rudnicky A I. A large scale clustering scheme for kernel k-means[C]//Proceedings of 16th International Conference on Pattern Recognition, 2002, 4: 289-292.

[45] Dhillon I S, Guan Y, Kulis B. Kernel k-means: spectral clustering and normalized cuts[C]//Proceedings of the 10th ACM SIGKDD International Conference on Knowledge Discovery and Data Mining, 2004: 551-556.

[46] Herwig R, Poustka A J, Müller C, et al. Large-scale clustering of cDNA fingerprinting data[J]. Genome Research, 1999, 9(11): 1093-1105.

[47] Chitta R, Jin R, Havens T C, et al. Approximate kernel k-means: solution to large scale kernel clustering[C]//Proceedings of the 17th ACM SIGKDD International Conference on Knowledge Discovery and Data Mining, 2011: 895-903.

[48] Kashef R, Kamel M S. Enhanced bisecting k-means clustering using intermediate cooperation[J]. Pattern Recognition, 2009, 42(11): 2557-2569.

[49] Archetti F, Campanelli P, Fersini E, et al. A hierarchical document clustering environment based on the induced bisecting k-means[C]//International Conference on Flexible Query Answering Systems. Berlin: Springer-Verlag, 2006: 257-269.

[50] Liu X Z, Feng G C. Kernel Bisecting k-means clustering for SVM training sample reduction[C]//International Conference on Pattern Recognition. IEEE, 2009: 1-4.

[51] Eskandarzadehalamdary M, Masoumi B, Sojodishijani O. A new hybrid algorithm based on black hole optimization and bisecting k-means for cluster analysis[C]//Electrical Engineering. IEEE, 2014: 1075-1079.

4

优化的 k-均值算法

由于 k-均值算法本身的固有缺点以及现今聚类问题复杂性的提升，标准的 k-均值算法已经无法在复杂场景下表现出令人满意的效果。因此，许多研究者从不同角度提出了各种优化的 k-均值算法，有效地针对各类问题提升了 k-均值算法的性能。

4.1 加速优化

为了提升 k-均值算法的性能，实现加快执行速率以达到节约时间成本的目的，各种针对算法执行效率的优化被提出。k-均值算法的加速优化主要分为精确优化算法和近似优化算法，前者在相同的初始化条件下可以产生和未优化时相同的结果，而后者由于采用近似条件，产生的结果可能不同。

4.1.1 精确优化算法

精确优化算法是指在加速 k-均值算法的过程中，只采用了一些确定性的条件提高算法执行效率。精确优化算法保证了当采用相同的初始化参数时产生与标准 k-均值算法相同的结果。精确优化算法可以分为两个大类：基于数据结构的优化和基于三角不等式的优化。

1. 基于数据结构的优化

通过给 k-均值算法引入高效的数据结构，提升在计算时的效率曾经是较为流行的一种加速研究方向。k-均值算法通过跟踪子集的中心来查找局部最优值进行聚类，并产生大量的最近邻查询[1]。为了实现加速的效果，需要找到一个可以方便地查询最近邻数据点的存储结构，k-d 树就成为一个好的选择[2]，k-d 树也可以有效地初始化 k-均值算法的簇中心。Moore[3]使用多分辨率 k-d 树构建了一个用于混合模型聚类的快速期望最大化算法。随后，Pelleg 等[4]以及 Kanungo 等[5]提出了将数据点存储在多维 k-d 树结构中的方法来实现 k-均值算法的加速。这种 k-均值加速算法在低维度上（$d \leqslant 5$）展现出了比较好的加速效果。但是一旦超过这一限度，k-d 树将迅速变得笨拙，而且维护树结构的代价十分昂贵。对于 $d > 8$ 的情况，更新树的成本甚至超过了树所带来的优化效果。

考虑一个具有 R 个记录的数据集，每个记录具有 M 个属性。给定一个常数 k，聚类问题是将数据划分为 k 个子集，使得每个子集在某种程度上都表现得很好。例如，希望最小化任意子集中的点和它们质心之间的欧几里得距离的平方，用于聚类的 k-均值算法通过跟踪子集的质心并发出大量的最邻近查询来确定该度量的局部最优值。k-d 树是用于存储来自有限维空间的有限集合点的一种数据结构，当进行大规模的模型选择时，尤其是在具有大量属性和记录的数据集中，需要这样一种快速的算法[6]。一个极端的例子是在斯隆数字天空调查（Sloan digital sky survey, SDSS）[7]中收集的数据，其中数据参数 M 约为 500，R 为数百万，此时 k-d 树可以通过用它们的节点代表大量的点来减少 k-均值的查询数量。对于某个中心 X，能够通过 k-d 树语句中关联的某些节点证明：相关联的任何点与该节点都具有 X 作为其最近邻。这与使用 k-d 树节点存储共同作用，可以大大减少更新簇的质心所需的算术运算。

Pelleg 等[4]的算法利用了一个批量更新的方法，这是比逐个更新质心更有效的手段。该方法可以使用已知质心和点的集合来完成计算过程。这些集合将对应于 k-d 树中的超矩形。同样为了确保其使用的正确性，首先必须确定给定矩形中的所有点在添加一些统计信息之前确实“属于”一个特定的中心。

定理 4.1 给定一组中心 C 和超矩形 h，如果有这样一个中心 C 存在，使得 h 中的任何点比 C 中的任何其他中心更接近 $\boldsymbol{c}$，定义所有者 $C(h)$，中心 $\boldsymbol{c}$ 属于 C。

首先，对没有这些中心的所有者进行分析，将有助于消除一些非所有者的情况。注意，所有者$C(h)$并不总是定义正确。例如，当两个中心都在一个矩形内部时，这个矩形不存在唯一的所有者。因此，定理 4.2 的前提条件是存在唯一的所有者。在运用此方法时不会总是能找到所有者，有时需要降低 k-d 树的约束而分裂超矩形，借此希望找到较小的超矩形的所有者。

定理 4.2 设C是一组中心的集合，h是一个超矩形。所有者为$C(h)$，中心$\boldsymbol{c}$属于C，定义$d(\boldsymbol{c},h)=\min_{\boldsymbol{c}'\in C} d(\boldsymbol{c}',h)$。

在寻找所有者$C(h)$时，只考虑了最短（而不是“最小”）距离$d(\boldsymbol{c},h)$的中心。假设两个（或多个）中心共享最小距离h。那么谁也不能称为所有者。定理 4.2 将可能的所有者的数量缩小到一个（如果存在最短中心距离）或零（其他的情况）。在后一种情况下，该算法将通过分割超矩形来继续执行。在前一种情况下，仍然需要检查这个候选是否是所讨论的超矩形的所有者。

定理 4.3 给定一个超矩形h和两个中心$\boldsymbol{c}^1$和$\boldsymbol{c}^2$，使得$d(\boldsymbol{c}^1,h)<d(\boldsymbol{c}^2,h)$，如果说$h$中的每个点比$\boldsymbol{c}^2$更接近$\boldsymbol{c}^1$，则称$\boldsymbol{c}^1$关于$h$控制$\boldsymbol{c}^2$。

引理 4.1 给定两个中心$\boldsymbol{c}^1,\boldsymbol{c}^2$和超矩形$h$，$d(\boldsymbol{c}^1,h)<d(\boldsymbol{c}^2,h)$，使得时间复杂度$O(M)$可以应答判定问题“在$h$中$\boldsymbol{c}^1$是否控制$\boldsymbol{c}^2$”。

证明：观察与$\boldsymbol{c}^1$和$\boldsymbol{c}^2$等距的所有点组成的决策线L（图 4.1）。如果$\boldsymbol{c}^1$和h都完全包含在由L定义的一个半空间中，则$\boldsymbol{c}^1$控制$\boldsymbol{c}^2$。反之亦然，如果存在一个点$\boldsymbol{x}\in h$，使得它不像$\boldsymbol{c}^1$那样在L的相同半空间中，$d(\boldsymbol{c}^1,\boldsymbol{x})>d(\boldsymbol{c}^2,\boldsymbol{x})$，$\boldsymbol{c}^1$不控制$\boldsymbol{c}^2$。可以看出，该判定问题取决于$\boldsymbol{c}^1$和$h$是否包含在$L$的相同半空间中。考虑向量$\boldsymbol{v}\equiv\boldsymbol{c}^2-\boldsymbol{c}^1$，令$\boldsymbol{p}$为$h$内的一个点，使内积$\langle\boldsymbol{v},\boldsymbol{p}\rangle$的值最大化。这是$h$朝着向量$\boldsymbol{v}$方向的一个极值点。注意$\boldsymbol{v}$与$L$垂直，如果$\boldsymbol{p}$相对$\boldsymbol{c}^2$更接近$\boldsymbol{c}^1$，那么$p$点满足了属于$h$中任何一点的范围限定（在$h$内，$\boldsymbol{p}$是到达$L$最近的）。如果不是，$\boldsymbol{p}$就证明了$\boldsymbol{c}^1$不控制$\boldsymbol{c}^2$。此外，线性规划问题“最大化$\langle\boldsymbol{v},\boldsymbol{p}\rangle$，其中$\boldsymbol{p}\in h$”可以在时间复杂度$O(M)$解决。

如图 4.1，L_{12}是中心$\boldsymbol{c}^1$和$\boldsymbol{c}^2$之间的决策线。同样L_{13}是$\boldsymbol{c}^1$和$\boldsymbol{c}^3$之间的决策线。$\boldsymbol{p}_{12}$是h方向$\boldsymbol{c}^2-\boldsymbol{c}^1$的极值点，$\boldsymbol{p}_{13}$是方向$\boldsymbol{c}^3-\boldsymbol{c}^1$的极值点。由于$\boldsymbol{p}_{12}$与$\boldsymbol{c}^1$在$L_{12}$的同一侧，关于超矩形$h$，$\boldsymbol{c}^1$控制$\boldsymbol{c}^2$。由于$\boldsymbol{p}_{13}$与$\boldsymbol{c}^1$不在$L_{13}$的同一侧，所以$\boldsymbol{c}^1$不控制$\boldsymbol{c}^3$。

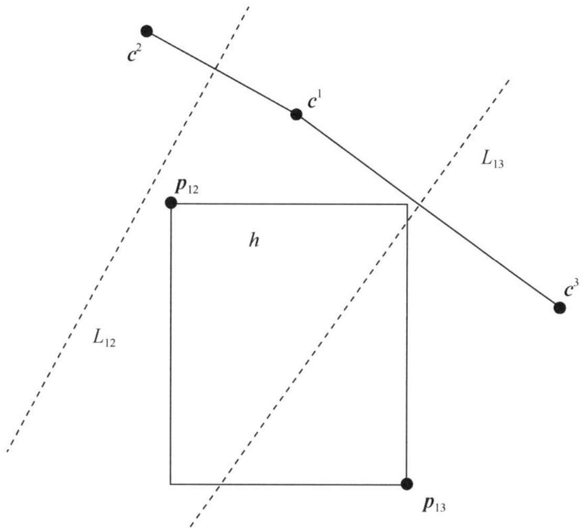

图 4.1 关于对超矩形的控制

这种方法在较高维度（大于 8）下表现不佳。在具有大量低维数据的领域中（例如天体物理学、地理空间），该加速算法相比以前的方法（例如 EM[3]的多分辨率 k-d 树），它允许对包含成千上万个簇的数据进行聚类。

Moore 后来发表了另一种加速技术，即转折点层次结构（anchors hierarchy）算法[8]。这种方法对 k-d 树方法的低维加速进行补充，从而可以拓展到高维数据。在转折点层次结构中，点被存储在度量树（metric tree）中，提高了确定数据点的最近中心的效率。Moore 还对树的构建过程进行优化，进一步减少了运行时间。

Kanungo 等[9]提出了一种称为过滤算法（filtering algorithm）的技术。在树中构建了数据集索引后，该算法为树中的每个节点维护一组候选最近中心，并从根向下传播这些候选中心。Kanungo 等[9]在文献中给出了描述其算法的理论优点的数据敏感性分析，然后给出了一个经验分析，表明该算法在$10 \leqslant d \leqslant 20$时具有良好性能。

2. 基于三角不等式的优化

k-d 树方法虽然能在一定的维度范围内提供较为良好的算法加速效果，但是由于其需要维护一个复杂的树结构，因此不利于研究的进一步发展。在之后的加速算法研究中，基于 k-d 树的方法逐渐被基于三角不等式的方法所取代。在实际应用方面，在数据中查找簇的最常见方法是 k-均值算法。k-均值被认为是一种快速的方法，因为它不需要计算所有数据点对之间的距离。然而，对于大型数据集，该算法的执行速度仍然显得较慢。距离计算的次数是 nke，其中 n 是数据点的数量，k 是要找到的簇的数量，e 是所需的迭代次数。经验上，e、k、n 三者同数据的维数 d 之间属于线性变化关系。

1）Elkan 算法

Elkan[10]首先提出了利用三角不等式来对 k-均值算法进行显著加速的方法，即标准 k-均值方法的优化版本，距离计算的次数实际上更接近 n。Elkan 算法基于以下事实：标准 k-均值中的大多数距离计算是冗余的。如果一个数据点远离中心，则不需要计算数据点与中心之间的精确距离，来得知数据点的分配结果。相反，如果一个数据点比任何其他中心更靠近一个中心，则不需要计算精确距离就知道该点应该分配给该中心。

想要使加速的 k-均值算法可以完全替代标准 k-均值算法，需要加速算法满足以下三个条件：第一，它应该能够从任何的初始中心开始，以便可以继续使用所有现有的初始化方法；第二，给定相同的初始中心，它应该总是产生与标准算法完全相同的最终中心，并保证其正确性；第三，它应该能够使用任意一种距离度量，也就是说它不应该依赖于欧几里得距离的优化。

Elkan 算法在实际上满足比上述第二个更强的条件：在每次迭代之后，它都产生与标准 k-均值算法相同的一组中心位置。这种更强大的属性意味着对于合并或分裂中心的启发式方法可以与拓展算法一起使用。第三个条件很重要，因为许多应用程序使用了特定领域的距离度量。例如，Monge 等[11]在聚类中为了识别重复的字母数字记录，有时使用基于字母数字的编辑距离，而蛋白质结构的聚类通常基于计算量大的距离函数，其通过旋转并翻译结构将它们叠加起来。即使没有特定领域的指标规定，Aggarwal 等[12]工作表明，使用 $0 < p < 1$ 的非传统 L_p 范数在高维空间聚类时是有益的。其相关研究中解释了如何使用三角不等式来避免冗余距离计算，并介绍了改进算法，还讨论了维数介于 2 到 1000 的六个数据集的实验结果，并概述了该方法的可能改进。

简单来说，Elkan 算法的思想在于通过跟踪点和中心之间的距离的下限和上限来避免不必要的距离计算以减少运行时间。该算法计算了一个新的变量 $p(j)$ 来表示在上一次迭代进行的过程中第 j 类的中心点 $\boldsymbol{c}(j)$ 移动的距离。此外，算法维护了两种边界值，分别是数据点与其当前所属簇的中心点之间距离的上界和数据点与其余簇的中心点之间距离的下界。这两种边界值分别表示为 $u(i)$ 和 $l(i,j)$，计算方式如式（4.1）和式（4.2）所示：

$$u(i) \geqslant \left\| \boldsymbol{x}(i) - \boldsymbol{c}(a(i)) \right\| \tag{4.1}$$

$$l(i,j) \leqslant \left\| \boldsymbol{x}(i) - \boldsymbol{c}(j) \right\| \tag{4.2}$$

式中，$a(i)$ 表示数据样本 i 所属的类别；$\boldsymbol{c}(j)$ 表示类别 j 的类中心点。算法的重点在于，在每次迭代的过程中，当进行到数据点的簇分配步骤时，首先将上界和下界进行比较。如果目前的上界比下界要小，就说明该数据点与其所属簇的中心点之间的距离比该点与簇 j 的中心点之间的距离要小，因此距离该点最近的中心点还是当前其所属簇的中心点，不必进行簇更新。实验表明，Elkan 算法对于具有多达 1000 个维度的数据集是有效的，随着簇数 k 的增加，该算法变得越来越有效。对于 $k > 20$，它比先前的加速 k-均值算法快许多倍。

2）Hamerly 算法

Hamerly[13]采用数据点与其次接近的中心点之间的下界代替其与每个中心点之间的下界，简化了 Elkan 算法。Elkan 算法需要保持 nk 个下界，而 Hamerly 算法只保留 n 个。假设收敛中心不会大幅度移动，这些松散的界限就足以得到一个精确的 k-均值解，而不需要进行许多昂贵的距离计算。在这个假设成立的条件下，Hamerly 算法花费更少的时间更新边界，并且比之前的加速方法都更有效率。不过，对于高维度（$d > 50$）的数据，该算法需要计算更多的距离，导致加速效果大打折扣。

3）自适应距离边界的加速 k-均值算法

值得注意的一点是，Elkan 算法和 Hamerly 算法是互补的。Hamerly 算法在低维度表现出优异的性能，而 Elkan 算法适用于较高维度数据。因此，Drake 等[14]提出了一种自适应距离边界的加速算法，从而将前两种方法融合到一起。该算法维护一组可变数量的边界，比如实验中通过保持与每个点到其分配中心的距离有相同的上限，然后跟踪到其下一个最接近的中心的距离$1<b<k$的下限，通过增加距离来进行排序。对于足够大的 k，该算法在中等维度的数据上实现了性能优异的结果，在性能和维度适应之间达到了一个很好的平衡。

自适应距离边界的加速算法通过存储附加信息来实现加速效果。给定数据点$\boldsymbol{x}(i)$，其中$1\leqslant i\leqslant n$，初始中心$\boldsymbol{c}(j)$，其中$1\leqslant j\leqslant k$，该算法需要存储以下信息（$1\leqslant z\leqslant b$）：

（1）$u(i)$，点$\boldsymbol{x}(i)$与其已被分配的中心$\boldsymbol{y}$之间的距离上限；

（2）$\ell(i,z)$，点$\boldsymbol{x}(i)$与其第$z+1$个最近中心之间的距离下限；

（3）$a(i,z)$，对应于$\ell(i,z)$的实际中心的索引；

（4）$t(j)$，中心$\boldsymbol{c}(j)$在最后一次迭代中移动的距离。

自适应距离边界的加速 k-均值算法流程见算法 4.1。给定数据集$\boldsymbol{x}$、初始中心$\boldsymbol{c}$和要保留的下限数b，算法按照算法 4.1 中所述进行。另外算法 4.1 还调用了子算法，即算法 4.2 和算法 4.3。

算法 4.1　ACCELERATED K-MEANS(x , b , c)

```
for i=1 to |x| do
    SORT-CENTERS( x(i) , b , c )
end for
while 不收敛 do
    for i=1 to |x| do
        for z=1 to b do
            if u(i) ≤ ℓ(i,z) then
                r ← {y, a(i,1), a(i,2), …, a(i,z)}
                SORT-CENTERS( x(i) , z , r )
                跳到 i 循环的下一次迭代
            end if
        end for
        SORT-CENTERS( x(i) , b , c )
    end for
    移动中心到指定的质心点上并更新 t
    UPDATE-BOUNDS()
end while
```

算法 4.2 SORT-CENTERS($\boldsymbol{x}(i), \boldsymbol{q}, \boldsymbol{r}$)

1 通过增加 $x(i)$ 的距离对 r 进行排序
2 $y \leftarrow r(1)$
3 $u(i) \leftarrow \|\boldsymbol{x}(i) - y\|$
4 **for** $z=1$ to q **do**
5 $\quad a(i,z) \leftarrow r(z+1)$
6 $\quad \ell(i,z) \leftarrow \|\boldsymbol{x}(i) - a(i,z)\|$
7 **end for**

算法 4.3 UPDATE-BOUNDS()

1 $m \leftarrow \max\limits_{1\leqslant j\leqslant k} t(j)$
2 **for** $i=1$ to $|\boldsymbol{x}|$ **do**
3 $\quad u(i) \leftarrow u(i) + t(j)$
4 $\quad \ell(i,b) \leftarrow \ell(i,b) - m$
5 $\quad$ **for** $z=b-1$ to 1 **do**
6 $\qquad \ell(i,z) \leftarrow \ell(i,z) - t(a(i,z))$
7 $\qquad$ **if** $\ell(i,z) > l(i,z+1)$ **then**
8 $\qquad\quad \ell(i,z) = \ell(i,z+1)$
9 $\qquad$ **end if**
10 $\quad$ **end for**
11 **end for**

算法 4.1 类似于 Hamerly 算法和 Elkan 算法。在第 6～13 行希望上限 $u(i)$ 满足 b 个下限之一。如果第 z 个下限满足了，就不用整合整个集合，只需要对第一次迭代中 $z+1$ 个最近的中心重新分配即可。算法 4.3 预先计算 m 用来更新最外边界。下限根据相应中心移动的距离收缩，但最外层边界也必须考虑 $(k-b-1)$ 的变化。算法没有跟踪到最远处的中心，因为计算成本很高，所以只能接受每次迭代只计算一次的 m。最后，牺牲了额外的紧密性以迫使边界保持递增次序（7～9 行）。

Elkan 算法在高维数据集上效果较好，而 Hamerly 算法适用于低维空间。Drake

等[14]的改进算法成功地融合了前两种算法，能够更好地提高效率，保持下限的数量和进行自适应操作。值得注意的是，这三种算法的优点是相辅相成的。

4）环形 k-均值算法

除此之外，Drake 等[14]还提出了一种 Hamerly 算法的变体，称为环形 k-均值（Annulus k-means）算法。环形 k-均值算法用于自动发现矢量数据中的簇。Drake 等[14]提出了三种加速算法，它们比标准方法更快地计算出完全相同的簇。首先，对 Hamerly 算法进行重新设计，使用 k 个堆，以避免检查所有 n 个点的距离界限之后几乎没有信息增益。其次，重新设计 Hamerly 算法，在测试上限和下限时避免在所有 n 个数据点上循环，但是所需堆栈机制的计算开销超过了所需要的在距离上的任何数量的检查计算。然后，使用自适应数量的距离界限来避免冗余计算，Drake 等[14]提出了自适应 k-均值算法。实验表明，在均匀随机数据下，中等维度（$20<d<120$）下的自适应 k-均值体现出优越的性能。它保持了自适应数量的界限距离，以避免有冗余的距离计算，结合了 Hamerly 算法的低维优势和 Elkan 算法的高维优势。自适应 k-均值在统一随机数据的经验测试中显示出在中等维度（$20<d<200$）上的优异性能，除了 784 维 MNIST 数据集之外，对所有聚类数据集的 Hamerly 算法和 Elkan 算法都进行了比较。

最后，环形 k-均值算法重新对三角不等式进行了组合，将搜索空间限制在一个最靠近起点的环形区域的中心。对于统一的随机数据，环形 k-均值与低维度（$d \leqslant 20$）中的其他算法相比更快，并且优于其他六种自然聚类的实际数据集上的其他算法（$d \geqslant 74$）。环形 k-均值算法通过不等式定义了一个环形区域：

$$\left| \|x\| - \|c'\| \right| \leqslant \|\boldsymbol{x}-\boldsymbol{c}\| \tag{4.3}$$

由于$\|\boldsymbol{x}\|$固定和$\|\boldsymbol{c}\|$每次迭代一次，可以通过 k-均值有效地利用这些信息：每次迭代，保留记录其规范排列的中心的辅助列表。无论何时 Hamerly 算法的距离界限都无法避免距离计算，所以这里使用中心规范排列表中的二进制搜索来找出一组满足不等式（4.3）的候选中心。若式（4.3）不成立，则说明中心点 $\boldsymbol{c}'$ 不可能比中心 $\boldsymbol{c}$ 更接近 $\boldsymbol{x}$。这个判定有效地修剪了算法最内层循环的搜索空间，进一步提升

了低维度情况下的性能。Huang 等[15]将相同的几何推理应用于矢量量化的最近邻计算中，构建了可避免显式距离计算的环。然而，环形对于找到最近的邻居是有限的，因为它取决于构造它的中心 c 。其方法的成功也依赖于它们的特定应用，即图像压缩。为了估计一个点的最近邻，他们的算法假设一个点像下一个，即一个像素可能类似于图像中的相邻像素。然而，这种特殊的结构不存在于任意数据集中，并且该算法不能为一般最近邻的问题提供加速。

Drake 等[14]同时在文中对几种表现良好的加速算法做出对比。实验表明，Elkan 算法在高维度的情况下表现最为优异，且其避免的距离计算数量最多；在中等维度的情况下，自适应边界的方法表现优于其他算法；而在低维情况下，Hamerly 算法和环形 k-均值算法表现较好，在 k 值较大时，环形 k-均值的表现更为突出。图 4.2 对比了各算法在不同维数 d 和中心数 k 下的表现，实验固定数据集大小 $n=400000$，图中不同深浅阴影区域显示哪种算法为特定 d 和 k 的值提供了最佳加速。

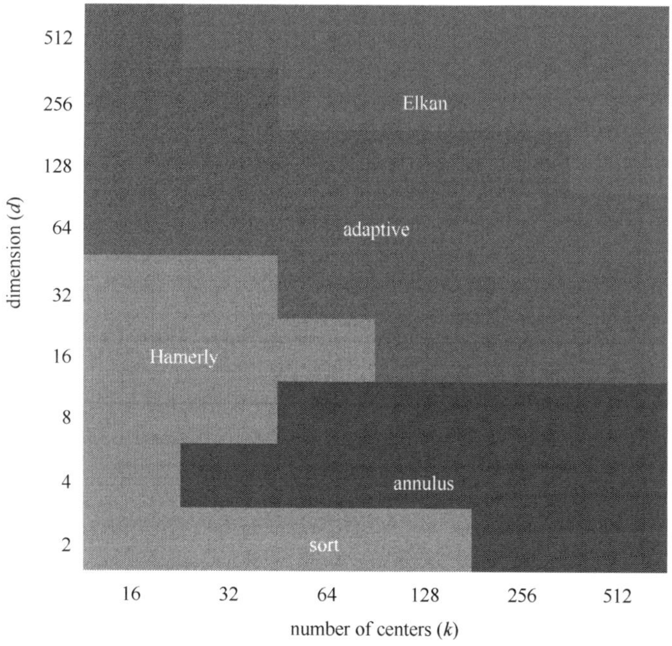

图 4.2 均匀随机数据下各算法在不同维数 d 和中心数 k 上具有优势的情况

dimension：维度。number of centers：中心数。Elkan：Elkan 算法。
adaptive：自适应。Hamerly：Hamerly 算法。annulus：环形。sort：分类

5）阴阳 k-均值算法

Ding 等[16]将中国古代哲学的思想融入算法研究中，提出了一种用于聚类的阴阳 k-均值（yinyang k-means）算法。在此之前，研究者所做的工作包括近似值[16-20]、结构优化[4,21]以及增量优化[9,10,14]，每一项都做出了巨大的贡献。然而，经典的劳埃德算法仍然是在实践中占主导地位的选择，如在流行的库中实现的例子，比如 GraphLab[22]、OpenCV[23]、mlpack[24]，等等。它们提供了一些种子选择，但主要是基于劳埃德的算法。而阴阳 k-均值算法通过在初始阶段对聚类中心采用上界和下界对距离计算进行约束，有效维护点与中心之间的下限和上限，其不同点在于对边界的维护上。算法采用了两个过滤器来剔除不必要的距离计算，通过分组的方式提升了过滤效率。在所有实验数据集和机器配置中，它显著优于先前的 k-均值算法。从其优越的性能，到简单性和较小的开销，以及保证得到与标准 k-均值相同的聚类结果，阴阳 k-均值算法相比原始 k-均值算法更优。

阴阳 k-均值是一种符合要求的增强 k-均值。阴阳 k-均值同时维护着数据点到其指定的簇中心距离的上限以及数据点到其他簇中心的距离的下限。这两个界限形成一个两级过滤器，它可以有效避免不必要的距离计算。阴阳 k-均值自适应地使用上下限过滤器，在使用的同时保持各种空间的限制。阴阳 k-均值的名称受到中国古代哲学的启发，其中阴阳的概念是用来描述明显相反的力量互补形成和谐的概念。阴阳 k-均值维护的距离下限和上限分别为过滤器中的阴阳。一系列实验表明，阴阳 k-均值优于一般数量级的经典 k-均值。阴阳 k-均值具有简单、弹性（用户控制空间开销的能力）、语义保存和一致等优点。

将组过滤器、局部过滤器和新的中心更新算法结合，得到完整的阴阳 k-均值如下：①将 t 设置为不大于 $k/10$ 并满足空间约束。将初始中心组合为 t 组，通过在初始组上运行 k-均值进行五次迭代，以产生合理的组，同时产生很少的开销。②在第一次迭代的点上运行标准 k-均值算法。对于每个点 $\boldsymbol{x}$，上限 $\mathrm{ub}(\boldsymbol{x})=d(\boldsymbol{x},b(\boldsymbol{x}))$，下限 $\mathrm{lb}(\boldsymbol{x},G_i)$ 设置为 $\boldsymbol{x}$ 和除了 $b(\boldsymbol{x})$ 之外的所有在 G_i 中心之间的最短距离。③重复上述过程直到收敛。

总体而言，阴阳 k-均值算法加速了 k-均值中的分配过程，简化了中心更新的步骤，并打破了空间成本和性能提升之间的限制，实现了良好折中。其弹性设计使得它在给定的空间约束下能自动最大化性能，并保留了原始 k-均值的语义。只要三角不等式成立，这些吸引人的属性及其简单性可使其成为标准 k-均值的实际替代品。

6）其他算法

Guha 等[20]提出了一种基于 Holder 不等式和使用块向量的方法，具体是通过得到所需计算的欧几里得距离的一个近似值的加速方法。该方法将数据点从维度层面进行分块，结合 Holder 不等式的分析加速距离计算过程。算法还通过维护两个数据集合避免每次迭代过程中对每个数据点和每个簇中心点之间的下界计算，进一步减少了算法运行时间。同时，Guha 等还提出了阴阳 k-均值算法的一个改进，将原算法中的一个准确的距离替换成一个距离的下界，在多次广泛的实验中，与标准方法和阴阳 k-均值相比，在计算时间方面有显著降低的效果。此外，还表明所提出的聚类算法的内存消耗不取决于簇的数量，这使得该方法适合于大规模问题，也获得了良好的效果。相关工作中，演示了基于块向量近似欧几里得距离的方法的有效性，通过将所得到的下界整合为阴阳 k-均值，引起了显著的加速，特别是存在许多聚类中心时。在优化的块向量启用 k-均值算法时，该技术的有用性变得更加明显。通过使存储器的消耗不依赖于 k 甚至在高的 k 值下更高效，该技术弥补了在将数据集聚类成大量簇的能力上聚类算法的空白，为进一步研究缩放和特征重新映射对近似欧几里得距离的影响打下基础。

Newling 等[25]在环形 k-均值算法的基础上，提出了 Exponion 算法，该算法是一种基于边界的加速精确 k-均值算法。该算法的关注点与环形算法相同，不过这一算法所定义的区域可以看作一个球形区域。Exponion 算法表现出的效果是低维环境下的精确加速 k-均值算法中最好的。此外，他们还提出了一种使边界更紧密的技术，它适用于所有基于边界的加速算法的改进，这一改进可以使边界值变得更加紧致，进一步消除存在的冗余距离计算，从而有效地提升算法的过滤效率。

作为一种精确加速 k-均值算法，在 22 个实验里的 18 个实验中，Exponion 算法的运行效率超过之前的低维度算法 3 倍甚至更多。该算法提出通过改进现有的“加速”的 k-均值算法，更好地估计距离，以减少距离计算的数量。与最好的加速精确 k-均值算法相比，该算法在实验中获得较高的加速效果。最后，他们整理提出了标准方法的简化变体，并表明其在 62 个实验里的 59 个中比其他完全完善的对比方法表现出更快的效果。实验结果表明，边界方案使精确的 k-均值算法更快，Exponion 算法明显快于之前的低阶算法。两者都可以被看作大型数据集上 k-均值聚类的良好默认选择。其在实践上的主要薄弱点是必须要在开始之初选择使用哪种算法，这取决于对应问题的维度。这应该能够通过一种有效的开发策略进行探索，自动选择最佳算法的自适应程序来解决问题。更多的前瞻性工作方向是在样本之间引入信息共享，而不是独立处理。

4.1.2 近似优化算法

近似算法通过对标准 k-均值算法进行适当的修改，简化计算过程从而快速求出一个近似的解。由于劳埃德算法的分配步骤比更新步骤需要更多的计算，因此大部分的近似加速算法旨在放宽分配步骤中的要求，通常有两种方式。

一是使所有数据点进行一个大致的分配，允许某些样本的簇分配是错误的。由于在实践中观察到：在每次迭代中改变位于簇边界附近的大多数活动点。Kanungo 等[26]提出了一种基于交换中心点的启发式改进方法，通过特定规则设置中心点，最终得到一个算法的近似解。在图像检索和识别中，k-均值通常用于学习特征图像表征。在大规模图像检索中，学习包含一百万个以上条目的大型数据是有帮助的，这需要将数十万甚至数亿个高维特征描述符聚类成一百万个或更多个簇。大规模聚类的另一个新兴应用是组织大量的网页图像，以用于各种目的，如网页图像浏览或探索。在大规模应用中研究者已经提出了各种近似 k-均值的方法。基于内核的聚类算法虽然可以捕获数据中的非线性结构，但是当对象的数量超过上万数量级时，在速度和内存需求方面就不能具备良好的伸缩性。继而研究者提出了一种近似内核 k-均值的近似方案[26]，并通过采用随机方法减少了计算复杂度和内存需求。其关键思想是，通过将簇中心限制为由一组随机抽样的数据点所覆盖的一个子空间，从而避免计算完整的内核矩阵的方法解决问题。层次 k-均值（hierarchical k-means, HKM）使用聚类树而不是平面 k-均值来减少每个分配步骤中的聚类数。它首先将点聚类成少数（例如 10 个）簇，然后递归地划分每个簇直到达到一定深度 h。聚类树中的叶节点被认为是最终的聚类结果。Wang 等[21]提出了一种方法，采用多元随机空间分区树将数据点预先组装成相邻点集，并以构建簇闭包的方式来识别簇边界或附近的活动点，从而得到原有算法的一个近似解，以提高 k-均值算法的分配步骤的效率和精度。通过使用多个随机分区树预先组装数据点来为每个数据点生成邻域集，然后再通过将簇中的每个点扩展到其邻域集合来形成簇的闭包。这样只有少数情况下在将数据点分配给最近的簇时，需要考虑簇候选。该方法的一个优点是，将一个新的簇分配到一个点的计算复杂度只有 $O(1)$，比近似 k-均值（AKM）或精炼的近似 k-均值（RAKM）的 $O(\log k)$ 更低。该方法的另一个明显的优点是，只需要组织数据点一次，因为数据点在迭代期间不会改变，与 AKM 或 RAKM 相反，AKM 或 RAKM 需要在每次迭代时构造 k-d 树。在真实数据聚类和图像检索应用方面，进行复杂度分析，该方法在聚类质量和效率方面表现出最先进的近似 k-均值算法的性能。通过聚类实际数据集的性能以及聚类学习的图像检索应用程序的性能来评估算法，所提出的算法与基础技术相比在精度和运行时间方面都有了显著改善。

二是只采用部分数据点，但是进行精确的分配，然后再将结果推广到整个数据集。此外，Sculley[18]提出的小批量（mini-batch）k-均值算法也是利用部分数据完成分配。在每次迭代的过程中，随机选取所有 n 个数据点中的 b 个执行分配步骤。Newling 等[27]提出了一种改进的小批量算法，称为嵌套（nested）小批量 k-均值算法，通过使用 Elkan 算法中的距离约束方法加速了小批量 k-均值算法。当将距离范围纳入小批量的算法时，已经使用的数据应优先进行重用。使用嵌套的小批量方法，使迭代次数 t 中的小批量数据进行自动重复使用。通过基于三角不等式的方法建立边界，然后在第 $t+1$ 次迭代的过程中使用第 t 次迭代得到的结果。实验结果表明，在很多情况下该算法到达 1%范围的经验最小值的速度，是标准小批量算法的 100 倍。

嵌套小批量 k-均值的基本目标是使用基于三角不等式的距离边界来对小批量进行加速。这样做是希望将两种强大而广泛使用的劳埃德加速方法的优势相结合。想要有效地将边界限制纳入小批量需要一种新的抽样方法。为了这一点，首先要注意的是，第一次访问用于建立边界，边界的加速只能加速已经访问处理过的样本。接下来需要注意的是，在第一个时期进行访问的次数最多是$1/e$。然而，大多数访问是首次访问，因此无法通过边界加速。但对于高度冗余的数据集，小批量通常在单个时期就能获得令人满意的聚类结果。为了更好地利用边界，必须优先重复使用已经访问的样本。具体来说，令迭代时使用的小批量索引$M_t \subseteq \{1,2,\cdots,N\}$中$t \geqslant 1$，强制让$M_t \subseteq M_{t+1}$。嵌套的一个关注点是，在早期迭代中输入的样本比在晚期迭代中输入的样本具有更大的影响，因此引入了偏差。为了解决这个问题，在运行平均值时强制要求最多出现一次。

当一个样本被重新访问时，它的旧赋值在重新分配之前首先被移除。嵌套的小批量的概念是，在批处理中，使用n次的样本通过向一个或多个质心作用n次。由于样本与嵌套小批量使用次数的极端情况和系统的差异，有必要减少任何可能产生双重作用的潜在偏差，只有一个样本的更新情况，为质心更新起作用。这样可以通过删除旧的计算来重新使用样本。使用嵌套的小批量引入的第二个挑战是确定M_t的大小。

一方面，如果M_t增长得太慢，那么可能会遭受过早的微调。当使用$M_t \subset \{1,2,\cdots,N\}$更新中心标识时，如果$M_t$体积小，估计很差，那么精确的最小化估计是浪费计算的，因为当小批量增加时，代理损失函数将会改变。另一方面，如果M_t增长过快，冗余问题就会出现。如果用小部分的M_t获得的质心更新与使用M_t获得的更新相似，那么整体上使用M_t是浪费的。

如何使用三角不等式的界限来加速小批量 k-均值，关键是使用嵌套批次处理，可以快速处理已经使用的样本。用嵌套的小批量代替均匀取样的小批量的想法是普遍的，适用于其他小批量算法。Mairal 等[28]的稀疏词典学习算法可以从嵌套中受益。也可以考虑将嵌套的小批量适应随机梯度下降，尽管会使一些其他问题变得复杂。

Celebi 等[29]表明，专门的初始化方案，如 k-means++可以生成更好的聚类结果。尽管使用的数据集不是这样，但考虑将这种初始化方案适应于小批量环境，这将是有用的。嵌套小批量处理算法使用了非常简单的边界方案。可以通过更先进的界限获得进一步的改进，并且可以通过使用一种方案来减少 $O(kn)$ 的内存占用量。其中，随着小批量增长，维持边界数量减少，群组再进行合并。

Tang 等[30]分析在线和小批量 k-均值，使这两种算法都通过随机逼近得到了广泛使用的劳埃德算法，并在大规模集群化和无监督特性学习中得到了广泛的应用。在一般情况下，证明了它们在速率 $O\left(\frac{1}{t}\right)$ 上具有全局收敛性，也展示出了如果数据集是可聚类的，在适当的初始化条件下，小批量 k 意味着在概率为 $O\left(\frac{1}{t}\right)$ 的情况下，收敛于一个最优的 k-均值解。由于 k-均值的目标是非凸和不可微的，Tang 等利用基于非凸梯度的优化方法，通过对 k-均值算法在解空间中的轨迹进行描述，从几何思考角度对 k-均值进行更新来规避其不可微性。

4.2 多视角

现实生活中的数据有时会有多种表现形式，如图片、文本等，有效结合所有这些有用的信息可以取得更好的处理效果。在机器学习领域里这种有多种表现形式的数据被称为具有多视角的数据。虽然可以对每个视角分别进行聚类分析，但是这样的方法是不合理的，因为这样不能覆盖全部的数据特征，而且会损失视角之间的关联性。多视角聚类作为一种专门处理多视角数据的方法，已经在实践中展示出了良好的效果。现有的多视角聚类方法大多是基于图的方法，这类方法有一个重要的缺点就是无法处理大规模的数据，而多视角的 k-均值方法则有效地解决了这一问题。

Cai 等[31]将 k-均值算法与多视角聚类的思想相结合，提出了一种基于 k-均值的多视角聚类算法，该算法被称为 RMKMC 算法。该算法规定不同视图之间共享一个簇分配矩阵，对于每个视图的权重采取了自适应的学习方式，并且通过在目标函数中添加 L_1 和 L_2 范数增强算法的鲁棒性。通过六个基准数据集评估所提出的方法，并与几种常用的聚类方法以及多视图聚类的基准方法的性能进行比较。在所有实验结果中，提出的方法始终保持良好的聚类性能。该算法中的贡献主要有以下四个方面。

（1）提出了一种大型多视角 k-均值聚类方法，可以在多核处理器上轻松并行大规模多视角数据聚类。

（2）使用结构化稀疏引导范数"L_1 和 L_2 范数"，提出的方法对异常的数据值具有鲁棒性，可以实现不同初始化参数下的更稳定的聚类结果。

（3）得出了一种有效的算法来解决由非平滑范数引入损失函数所带来的优化难度增加的问题，并证明了算法是收敛的。

（4）与基于图的算法不同，该方法的计算复杂度类似于标准 k-均值聚类算法。因为该方法不需要图形构造和特征分解，它避免了沉重的计算负担，可以用于解决大规模多视图聚类问题。

标准 k-均值只能应用在原始特征空间中，将 k-均值扩展到内核空间的内核 k-均值可用于捕获非线性结构并识别任意形状的簇。由于标准 k-均值和内核 k-均值均使用了平方误差来测量数据点和聚类中心之间的距离，所以一些异常值的出现将导致较大的误差，并导致相反的函数功能。而且，内核方法的性能在很大程度上取决于对内核的选择，但特定任务最适合的内核通常都是未知的。Du 等[32]提出的鲁棒多核 k-均值（robust multi-kernels k-means, RMKKM）算法，将多个输入内核进行线性组合从而学习到一个适当的共享内核来执行核 k-均值算法。RMKKM 算法在特征空间中使用 L_1 和 L_2 范数的鲁棒的 k-均值，并将其扩展到内核空间。该算法可以从许多输入内核中自动学习一个适当的内核，从而大大减少了内核设计或选择所需成本。实验结果很好地证明了所提出的具有多个输入内核的方法在基准数据集上的优越性。考虑到核权重，剩余的问题就是如何自适应加权核 k-均值，同时找到最佳聚类分配。为了解决优化问题的所有变量被非平滑的 L_1 和 L_2

范数封装的问题，该算法使用迭代方法来找到其最优值。基准数据集的实验结果表明，所提出的方法在单个内核和多个内核学习过程中对基线实验有更好的聚类结果。在实验中也很好地证明了所提出的算法的有效性。为了减轻内核构建的成本并利用互补信息，特别地，RMKKM 算法使用多个输入内核的线性组合，学习并得出适当的共享内核来执行鲁棒的 k-均值。

Liu 等[33]采用矩阵诱导正则化的方法对多核 k-均值算法进行修正，有效改善了原有算法的高冗余度和低多样性的缺点。在最新的研究中，Liu 等[34]关注了多核聚类中基本核的缺失问题。在多核聚类的过程中，该算法将不完整的核视为辅助变量进行联合优化，同时算法还可以自适应地估算不完整的核，并将它们组合起来以提高聚类的效果。

多核 k-均值（multi-kernels k-means, MKKM）聚类旨在最佳地组合一组预先指定的内核以提高聚类性能。然而，Liu 等[34]观察到现有的 MKKM 算法没有充分考虑这些内核之间的相关性。这可能导致选择相互冗余的内核并影响用于聚类的信息源的多样性，最终导致损害了聚类的性能。为了解决这个问题，Liu 等[34]提出了一种矩阵诱导正则化的 MKKM 聚类方法，以减少内核的冗余，并增加所选择内核的多样性。矩阵诱导正则化的多核 k-均值聚类算法测量每对内核的相关性，并用于约束内核 k-均值。之后，该算法最大限度地提高聚类的内核对齐标准。理论上可以通过揭示其与常用内核对齐标准的连接关系来证明矩阵引起的正则化。此外，相关理论也表明，最大化聚类的内核对齐可以被看作所提出方法的一个特殊情况，并且 Liu 等[34]指出了矩阵引导的正则化在设计更好的聚类算法方面的可扩展性。总的来说，矩阵诱导正则化的 MKKM 算法是概念上简单但有效的算法，它很好地改善了现有 MKKM 算法的高冗余度和低多样性。并且该算法提供了一个理论上的理由来揭示引入矩阵正则化的含义，指出了算法可以通过设计引入各种矩阵的正则化来方便地进行优化。五个英特尔数学核心函数库（math kernel library, MKL）基准数据集上的实验表明，该算法显著提高了 MKKM 的性能，并且与先进的方法相比始终表现出优越的性能。这验证了矩阵引导的正则化的有效性和其优势所在。

4.3 鲁棒性

标准k-均值算法是一种对初始中心点选择要求高的方法，不好的起始点会导致算法收敛到一个差的局部最优值，数据集中的离群点同样会对结果造成影响。为此，对于如何提高算法鲁棒性的研究就显得尤为重要。Still 等[35]在信息瓶颈方法和k-均值算法之间建立了理论的联系，经转化得出的算法在鲁棒性上得到了一定程度的提升。该算法认为，几何聚类的k-均值和确定性退火算法可以从更一般的信息瓶颈方法得出。如果聚集数据点的信息以保存关于它们的位置，则该组最优解被大量退化。但是，如果将定义最优解的方程作为迭代算法，一组“平滑”的初始条件就选择了对应的带有所需的几何属性的解决方案。除了概念统一，这种方法比传统的算法效率更高并且更加强大。而且，将几何聚类转化为信息瓶颈方法提供了一般信息理论框架。更准确地说，聚集了关于位置的数据信息，证明了最优解的退化，是由互信息变量的任意可逆变换产生的，可以通过对求解信息瓶颈方程的迭代算法的初始条件的正确选择来解除。通过使用拉格朗日乘子λ（它是控制相关信息的压缩和保存之间的权重的参数），最终形成一个收敛于硬聚类k-均值解决方案的算法。

目前，大多数增强鲁棒性的方法可以被划分为两个类别：①基于惩罚正则项的方法，如鲁棒k-均值（robust k-means, RKM）算法[36]；②基于修剪的算法，如修剪k-均值（trim k-means, TKM）算法[37]。Georgogiannis[38]对两种方法的关系进行讨论，并对RKM算法的击穿特性进行分析，指出在数据集中包含两个离群点就足以破坏聚类过程。不过对于“结构良好”的数据集，RKM算法可以恢复存在离群点的簇结构。

Georgogiannis[38]提出了一个经典二次k-均值算法变种，并理论分析了其鲁棒性和一致性属性。鲁棒的k-均值借用了回归问题中异常值检测的思想。如果专注于“结构良好”的数据集，那么鲁棒的k-均值可以恢复基础簇结构，尽管还是存在异常值，但已经有很好的效果而且异常值是不可避免的。在稍微修改的情况下，最一般的非渐近结果对于这个健壮的变种，二次 k-均值的一致性仍然有效。从鲁棒性上讲，虽然鲁棒性是一个重要的概念，但在文献中还没有给出一个标准的技术定义。由于鲁棒性没有标准的定义，鲁棒的 k-均值算法专注于有限样本击穿点，即数据集可能包含多少异常值而不会在中心估计中造成重大影响。这种影响体现在至少一个簇中心的变化。实验显示数据集中的两个异常值足以使一些簇中心发生崩溃进而无法继续。另外，如果将重点放在具有明确结构的数据集上，那么即使存在大量的异常因子，鲁棒的 k-均值也表现出显著的鲁棒性。作为分析的副产品，得出了相关最小化问题的最优条件的详细描述。在大多数情况下，RKM 具有二次 k-均值的计算简单性，使其成为鲁棒最近邻群集的“计算上代价最小”的候选者。如果将注意力限于“结构良好”的数据集，那么该算法会表现出对一些理想的噪声的鲁棒性。在一致性属性上，对于这种强大的变体，二次 k-均值的一致性的大多数一般结果仍然是有效的。

作为k-均值算法的软聚类版本，模糊 k-均值算法存在着同样的鲁棒性问题。Ji 等[39]在模糊 k-均值算法的目标函数中引入了局部空间权重，可以抑制离群点的不良影响并有助于解决歧义。Zhao 等[40]将非局部空间约束项引入模糊 k-均值算法的目标函数中，更有效地处理图像噪声。Ji 等[41]将数据中嵌入的局部空间信息与之相结合，进一步提高了其对离群点的鲁棒性。Wang 等[42]将自适应空间信息理论的模糊聚类融入模糊 k-均值算法以提高鲁棒性。Xu 等[43]提出了一种鲁棒并且稀疏的模糊 k-均值算法，既结合了损失函数，又引入了正则化惩罚项，使得算法在提升鲁棒性的同时保证了稀疏性。

还有一些提高鲁棒性的方法，在许多情况下，数据质量差（例如异常值或缺失条目）可能会在大型和复杂数据集中出现严重的、有时难以评估的问题。例如 Kondo 等[44]表明，小部分非典型观察可能对稀疏聚类算法已发现的解决方案具有严重的不利影响，他们进而提出了基于修正的 k-均值算法。基于修正的 k-均值算法也能够处理缺失值的数据集。

为了解决数据中存在大量噪声变量的问题，Witten 等[45]提出了一种稀疏 k-均值（sparse k-means, SK-means）的替代方案，它同时对簇和重要的聚类变量进行编码。该方案提出了一种鲁棒的算法，使用 k-均值来同时识别簇和特征。该方案的主要思想是通过修剪它们的聚类中心最远的部分观察值距离，来修正稀疏 k-均值算法。稀疏性是通过赋予权重的特征获得的，并且对权重向量的 L_1 范数施加上界。该方案仅使用最优权重为正的特征来确定簇。由于存在的异常值可能在加权的特征中包含非典型条目，所以算法还考虑了使用所有可用特征从每个点到其簇中心的距离。

4.4 约束

在聚类过程中添加适当的约束有助于提升聚类质量，Gordon[46]首先介绍了在聚类分析中使用约束的概念。DeSarbo 等[47]阐述了适用于不同聚类方法的大量约束，在这些约束中，与 k-均值算法最相关的是：①两个对象 $\boldsymbol{x}_i$ 和 $\boldsymbol{x}_j$（其中 $\boldsymbol{x}_i$ 和 $\boldsymbol{x}_j$ 是由用户指定的点）必须属于同一个簇 C_k；② $\boldsymbol{x}_i$ 和 $\boldsymbol{x}_j$ 必须属于不同的簇；③ C_k 包含的数据点数 n_k 最大；④ C_k 包含的数据点数 n_k 最小。Wagstaff 等[48]将约束①和②集成到一个标准的 k-均值算法中，提升了算法的性能。

传统上，聚类被视为无监督的数据分析方法。但是，在某些情况下，除了数据实例本身之外，聚类还可以提供有关问题域的信息。Wagstaff 等[48]演示了如何修改 k-均值聚类算法来利用这些信息，还将这种方法应用于在全球定位系统（global positioning system，GPS）数据中自动检测道路的现实问题，并在性能上有显著提高。在一组数据实例的应用上，这些数据实例必须根据相似性的一些概念进行分组。该算法只能访问描述每个对象的一组特征，其中没有给出任何信息（例如标签），每个实例应该被分到所属类内。然而，在实际的应用领域，实验者通常会拥有一些可能在聚类数据中有用的背景知识（相关的域或数据集）。传统的聚类算法无法利用这些信息。因此，算法中对整合背景的方式的信息聚类算法使用了一个修改版本的 COBWEB（一种流行的简单增量概念聚类算法），这样使用关于实例对的背景信息来限制其簇位置。而改进算法主要有两方面：第一，该算法是一种实例级可以结合背景知识的约束形式的k-均值变体算法，并证明了这种方法并不局限于单一的聚类算法，相对k-均值算法有其可扩展的性质。第二，与COBWEB仅限于随机约束的测试相比，该修改版本体现出解决重大现实问题的能力，并详细研究了提出的约束条件，提出了带约束的k-均值算法。

COP-k-means 中加入两种类型的约束，该算法接收数据集D，即一组必接（must-link）约束和一组勿接（cannot-link）约束。算法返回D中的类别分区，以满足所有指定的约束。关键在于，当更新簇分配时，确保没有违反规定的约束。尝试将每个点分配给其最近的簇。除非违反约束，否则这一过程将执行。约束示例如下：如果有另一个点必须分配给与该点相同的簇，同时已经在某个其他簇中，或者还有另一个簇点不能与该点同组，但已经在簇C中，则该点不能放置在C。继续在簇列表中进行排序，直到找到一个簇可以合法地托管该点。约束永远不会终止，如果该点找不到合法的簇，则最终返回空分区。

开发的这种将实例级约束形式的背景知识纳入k-均值聚类算法的方法，在数据集随机约束的实验中，显示出精确度的显著提高。用COP-k-means获得的结果与有约束的COP-COBWEB获得的结果非常相似。此外，实验结果在真实的领域展示了如何在GPS通道中使用背景信息，并显现出惊人的准确性提升。在簇中使用约束意味着与常规的k-均值算法不同，将实例分配给簇可能是敏感的。如果在早期就做出了一个糟糕的决定，那么该算法可能会遇到一个没有可能有效簇的实例（例如：它在每个k簇中都有一个或至少一个不可链接的约束）。这偶尔会发生在实验中（对于一些随机排序的数据）。理想情况下，该算法能够回溯，重新排列一些实例，以便可以将实例分配给一个簇。另外，扩展约束的簇方法，包括层次化算法，COP-k-means和COP-COBWEB都生成了数据的分区，因此很好地利用了硬的、实例级的约束。分层算法需要一个不同的约束条件。最后，算法讨论部分也针对给出的硬约束的另一种选择进行了探讨。通常，领域知识是启发式的，而不是精确的，并且有可能通过软的“约束”来表达它。

约束 k-均值算法还会对算法进行加速，从而可以更有效地处理大批量数据。Ng 等[49]使用模拟退火算法将聚类引导到数据的一个小的子集。通过选择适当的子集实施 k-均值算法，并将结果外推到完整的数据集可以获得令人满意的效果。Carmignani 等[50]在并行计算方面重新设计了 k-均值算法，以提高标准算法的运行速度和使用效率。Maitra[51]开发了一种多阶段的聚类方法来处理海量数据集，这种方法同样适用于 k-均值算法。

4.5 分布式的实现

标准的 k-均值算法对于大规模和高维度的数据处理很吃力，而且在一些情况下，数据分别储存在不同的设备上，算法的实施难度很大。在聚类分析中引入分布式处理的概念可以很好地解决这一系列问题。Zhao 等[52]基于通用的并行编程框架实现了劳埃德算法以处理大规模数据。Leiva 等[53]提出的变形 k-均值算法适用于包含顺序性的分布式数据。许多设备产生了遵循某种顺序性的大量数据，例如运动传感器、电子笔、眼动仪等，并且经常需要对这些数据进行压缩以执行分类、存储和检索任务。传统的聚类算法可以应用于此，但遗憾的是它们不能处理隐含嵌入在这些数据中的顺序信息。因此，Leiva 等[53]重新考察了标准 k-均值算法，并提供了一种顺序分布式数据分组的方法。Leiva 等[53]提出的变形 k-均值（warped k-means, WKM）是一种多用途分段聚类过程，它使舍入误差准则最小化，同时在聚类步骤中强加了一个顺序约束；并在三个应用中说明了 WKM 的属性效果，其中一个是人类活动的分割和分类，捕获密集的顺序信息（例如运动传感器、摄像机、有源 RFID 标签、电子笔等）。因此，在压缩技术和方法中简化这种数据的结构，可以通过更紧凑的结构来表示原始对象，这些结构更适合分类、存储和检索任务。然而，专注于在单个数据轨迹中识别基础元素，例如，许多应用程序跟踪移动对象的移动（例如，车辆交通轨迹，GPS 信号，眼睛注视移动等），随着时间的推移记录其位置。由于采样或测量错误，在预处理期间保留数据匿名性，所以数据不精确，顺序聚类可以减少这些不确定性。当对序列数据进行聚类时，存在一个强大的约束，通常与时间有关。如果忽略这一约束，经典聚类技术无法应对底层的顺序数据结构，有很多工作解决了顺序监督的机器学习问题，用于聚类顺序分布数据的模型，不需要标记训练数据或手动调整许多控制参数，通过定量和定性实验来确定其可行性。提出算法的文章通过描述电子数据和眼动模拟的一系列实验来说明方法的功效，之后还将使用真实世界数据集进行识别人类行动的实验。WKM 胜过了五项先进的集群技术，简化了数据轨迹，实现了接近 97%的识别准确度，同比提高了 66%左右。此外，这样的改进使计算成本的降低程度超过了一个数量级。引入 WKM，这是 k-均值聚类的一个新颖的选择，用于对顺序分布的数据进行分组。它保证了在供应商质量标准方面收敛，同时保持原始轨迹的顺序性，通过一系列实验证明了其可行性和鲁棒性。WKM 的一个重要优点是它具有非常低的计算复杂度，这实现了真正快速的收敛。

Naldi 等[54]认识到大多数分布式 k-均值算法依然存在依赖于初始中心点的问题，因此设计了一种进化算法解决初始化问题。聚类所面临的挑战之一在于处理分离的存储库中的数据，因为大多数聚类技术需要数据集中这一特性。虽然前人已经提出了 k-均值的分布式版本，但算法对初始簇中心的选择仍然很依赖，并且需要提前指定簇的数量。因此可以使用进化算法来克服 k-均值的限制，同时对分布式数据进行处理，即采用两种不同的分布方式：第一，获得与集中版本相同的最终模型的聚类算法；第二，生成并选择每个分布式数据子集的簇，并从理论的角度将其组合起来，通过渐近的复杂性分析，从实验的角度，通过对实验结果和统计检验的结果进行比较评估，得出结论，确定各应用场景中哪个变体更为合适。

在大多数情况下，集中式（而不是分布式）处理的工作存储器容量或时间可用性相关的计算限制。数据聚类是数据挖掘中的一个基本概念问题，其中一个目标是，确定有限的一组类别，并根据之间的相似性来描述数据集。这个问题在从图像和市场细分到文档分类，以及生物信息学和分布式计算的领域都具有广泛的适用性。

在涉及高维数据或分布式数据的真实应用中，数据集中簇的数量通常是未知的，需要提前指定簇数 k。对于这样的应用，可以对 k 的增量值（通常从两个开始）多次执行 k-均值，并且根据特定的簇有效性标准从所有执行结果中选择最佳分区作为聚类的解。尽管如果最佳聚类数“小”，这个有序重复的过程可能是最有效的，但也难提前知道。一个替代的重复方法是使用从用户定义的间隔随机抽取的簇数来执行 k-均值多次。问题有两方面：一方面，如果最佳聚类数不在此间隔内，则不会发现相应的解决方案；另一方面，如果间隔太多被过高估计为可能包含最佳值，则最坏情况（甚至平均情况）的执行时间可能也是被拒绝的。如果要定义簇的数量，因 k-均值算法对原型的初始位置的常规灵敏度而需要更换，则这种情况可能会变得更糟。在以往工作中已经研究了许多近似的算法，以试图规避基于多次执行 k-均值的系统方法的上述限制。这里特别提出的是基于使用 k-均值作为局部搜索算子来修正由进化过程执行的全局搜索的那些方法。例如采用 k-均值来调整由演化运算符产生的分区，这些运算符旨在使用用户定义的数量的簇 k。用于聚类的进化算法（evolutionary algorithm for clustering, EAC）主要用于以下过程：通过消除、分割和合并由 k-均值算法系统地改进的簇，再演变出具有变量 k 的分区。使用具有自调整应用率的引导变异算子以及其他附加特征，可以显著提高 EAC 的计算效率。这些特征的引入产生了用于聚类的快速进化算法（fast evolutionary algorithm for clustering, F-EAC），通过广泛的实验和统计测试证明比基于 k 的多次执行的系统方法更有效。当 F-EAC 与其他近似算法进行比较时，获得了类似的结果。此外，F-EAC 的变体已成功开发用于模糊聚类和关系数据。聚类的进化算法可以成功应用于分布式数据。Naldi 等[54]提出了 F-EAC 的分布式版本，这里称为分布式快速进化算法（distribute fast evolutionary algorithm for clustering, DF-EAC），以获得作为算法集中版本的确切结果。另外，将 DF-EAC 与基于每个数据站点中 k-均值聚类的生成和选择的一类算法进行比较，之后将获得的簇组合成一个表示整个数据的单个聚类解决方案组。这个类别的算法被称为分布式聚类组合。

Balcan 等[55]提出的分布式算法不仅可以应用于 k-均值算法，对 k-median 算法也同样适用；为两个流行的基于中心的目标 k-均值和 k-median 分布式聚类提供了新的算法；为这些算法提供可证明的保证，并降低了现有方法的通信复杂性，解决了以低成本找到一个簇、找到一个小尺寸的内核的问题；提供一种构建全局内核集的分布式方法，通过降低通信复杂度，以及针对通信拓扑结构，可以改进以前的方法。大规模数据集的实验结果表明，该方法胜过其他基于核心簇的分布式聚类算法。

大多数经典的聚类算法都是针对集中设置而设计的，但近年来，数据已经分布在不同的位置，如分布式数据库、网络图像和视频、监控和传感器网络。在许多这类应用中，数据有固定的分布模式，因为在传感器网络中，它被收集在不同的位置。前人已经提出了几种用于分布式聚类的算法和经验测试。一些是依赖于以分布式方式计算的统计信息的集中式算法的直接调整。其他算法生成本地数据的摘要，并将其传送到中央协调器，然后中央协调器执行聚类算法。对这些算法中的聚类质量没有提供理论上的保证，也不会尽量减少通信成本。此外，大多数这些算法假设分布式节点可以与所有其他站点进行通信，或者存在与所有其他站点进行通信的中央协调器。

详细来讲分布式算法是一种基于局部近似解的分布式核心构建算法。每个节点计算其本地数据的近似解，然后仅使用其本地数据和每个节点近似的总成本来构建内核集的本地部分。当数据位于 d 维中并分布在 n 个站点上时，它建立一个大小为 $\tilde{O}(kd+nk)$ 的 k-median 和 k-均值的内核。如果在 n 个站点之间存在中央协调器，则可以通过手段在协调器上执行聚类。对于通用拓扑连接的分布式集群，有一种基于分布式集群构建和消息传递方法的算法，虽然通信成本比以前的基于内核集的算法有所增加。再详细地比较，大规模数据集的实验结果表明，Balcan 等[55]提出的分布式算法在实践中表现良好。对于固定数量的通信，算法优于其他内核集合构造算法。

Ding 等[56]采用了一种不同的思路，对数据的列分区进行处理，即从维度的角度进行分布式处理，在保证近似比的条件下降低了不同设备之间的通信成本。随机投影是处理高维数据的一种强大的技术，并已被 Boutsidis 等[57]和 Cohen 等[58]用在分布式集群环境中。分布式聚类近年来引起了广泛关注。分布式聚类研究了分布式维度设置中的 k-均值问题，其中数据的维度在多台机器之间进行分区，并提供新的近似算法，这实现了较低的通信成本和恒定的近似比。该算法显著降低了现有算法的通信复杂度，提供了一个通信下限，在一定范围的参数设置中几乎达到了上限。在实验中，该算法在分布式维度设置中优于现有的实际数据集算法。

如图 4.3 所示，其中 t 表示取决于各个方法的缩小维数。在分布式维度设置中，每一方都保留 $\boldsymbol{P}$ 列的一个子集，如 $\boldsymbol{P}_1$。统一的随机投影矩阵 $\boldsymbol{R}$ 可以在每个组中独立生成，只要它们都使用相同的随机种子，而行被划分为 T 组，并与 $\boldsymbol{P}$ 的列分区一致。然后，各方计算相应的乘法 $\boldsymbol{P}_l \times \boldsymbol{R}_l$，并将其发送到中央服务器。最后，中央服务器获得总和 $\sum_{l=1}^{T} \boldsymbol{P}_l \times \boldsymbol{R}_l$ 等于 $\boldsymbol{P} \times \boldsymbol{R}$。

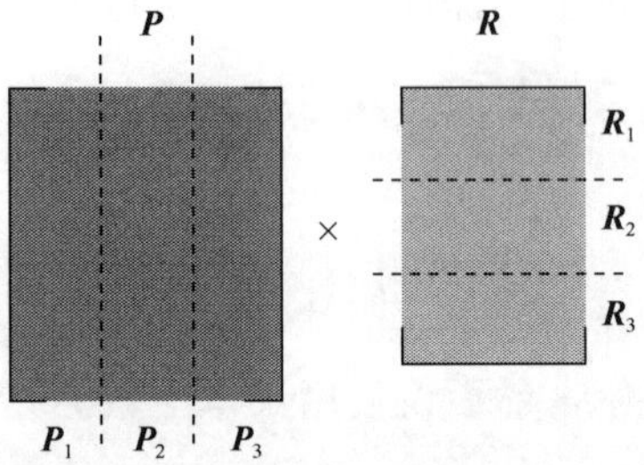

图 4.3　矩阵 $\boldsymbol{P} \in R^{n \times d}$ 和 $\boldsymbol{R} \in R^{d \times t}$ 分别表示的输入数据点和随机投影矩阵

此方法为分布式维度设置中的 k-均值提供了通信效率高的算法，改进了以前的方法。在随机投影方法中，每一方将子矩阵 $\boldsymbol{R}_l$ 与它自己的子矩阵 $\boldsymbol{P}_l$ 相乘。

然而，此方法检查每个迭代中的 $\boldsymbol{P}_l$ 的分布情况，这样可以在实验环境中减少沟通成本。算法工作如下。首先，第一方为对应的子空间 R_l^d 中的 $\boldsymbol{P}_l$ 计算 k-均值聚类，并向服务器发送获得的 k 个聚类中心，以及 n 个点的聚类成员。其次根据这些信息，中央服务器可以通过在整个空间 R^d 中构造加权网格来近似点集 $\boldsymbol{P}$。最后，可以将任何现有的 k-均值聚类算法应用于网格。当$k=O(1)$时，对于任何常数，与使用随机投影技术相比可以获得$9+\epsilon$的近似比$\epsilon>0$，ϵ为常数，但具有低得多的通信复杂度。算法的另一个优点是实现简单，每一方计算工作也很少。通过对每个$\boldsymbol{P}_l$的分布进行更仔细的分析，可以实现$5+\epsilon$以上的改进，近似比率具有稍大的通信复杂度。

在分布式维度的k-均值聚类的现有方法和结果之间的比较上，随机投影和特征选择的通信复杂度都具有隐藏常数（通常大于 1），因为它们的随机性取决于成功概率的算法。另外，通信协议是确定性的，除了在每个单独的机器中用作黑箱的集中的k-均值算法可以是随机的情况。此外，在这里指出方法的另一个优点，即可以很容易地将该方法扩展到一些其他相关的问题中，例如具有异常值的k-均值和约束k-均值聚类(其具有与k-均值相同的目标函数但具有额外的组合约束)，可以实现类似的近似比和通信的复杂性。其基本思想是修改构建的网格以适应这些问题，例如，稍微增加网格的大小或者将除了集群成员资格之外的更多信息发送到服务器。通过与不考虑分布式设置的集中算法相比，在整个数据集直接运行的聚类成本上，在分布式中获得的结果比理论 $9+\epsilon$ 好得多。

对于和其他算法之间的聚类成本的比较，其中通过获得的相应成本对所有成本进行归一化，还分别对比两个数据集的相应通信平均成本。对于第一个数据集YearPredictionMSD，不考虑异常值情况下，当k较小时，聚类成本大致相同，但是当k增大到 50 和 100 时，大多数情况下成本高于其他算法。此外，对于相同的数据集，考虑异常值，分布式方法的优点更加显著，这表明该算法对处理异常值更有效。对于第二个数据集（纽约时报）考虑到词袋的大小，基于 SVD 的方法比通过现实技术的基于随机投影的方法更不实际。按照 Boutsidis 等[57]和 Cohen 等[58]的方法，可以继续实现类似的近似比和 k-median 及 k-均值聚类问题的通信复杂度问题。将此方法推广到任意情况下也是具有挑战性的，但在某些情况下是有用的。

除此以外，另一些关于分布式k-均值算法的研究是出于隐私保护的目的[59-61]。

参 考 文 献

[1] Gersho A, Gray R M. Vector Quantization and Signal Compression[M]. New York: Springer Science and Business Media, 2012.

[2] Bentley J L. Multidimensional divide-and-conquer[J]. Communications of the ACM, 1980, 23(4): 214-229.

[3] Moore A W. Very fast EM-based mixture model clustering using multiresolution kd-trees[C]// Advances in Neural Information Processing Systems, 1999: 543-549.

[4] Pelleg D, Moore A. Accelerating exact k-means algorithms with geometric reasoning[C]// Proceedings of the Fifth ACM SIGKDD International Conference on Knowledge Discovery and Data Mining, New York, 1999: 277-281.

[5] Kanungo T, Mount D M, Netanyahu N S, et al. Computing nearest neighbors for moving points and applications to clustering[C]//SODA, Baltimore, Maryland, USA, 1999: 931-932.

[6] Moore A, Lee M S. Cached sufficient statistics for efficient machine learning with large datasets[J]. Journal of Artificial Intelligence Research, 1998, 8: 67-91.

[7] SDSS. The Sloan Digital Survey. (1999-02-01)[1999-04-15]. http: //www. sdss. org.

[8] Moore A W. The anchors hierarchy: using the triangle inequality to survive high dimensional data[C]//Proceedings of the Sixteenth Conference on Uncertainty in Artificial Intelligence. San Mateo, CA: Morgan Kaufmann Publishers Inc., 2000: 397-405.

[9] Kanungo T, Mount D M, Netanyahu N S, et al. An efficient k-means clustering algorithm: analysis and implementation[J]. IEEE Transactions on Pattern Analysis and Machine Intelligence, 2002, 24(7): 881-892.

[10] Elkan C. Using the triangle inequality to accelerate k-means[C]//Proceedings of the 20th International Conference on Machine Learning, 2003: 147-153.

[11] Monge A E, Elkan C. The field matching problem: algorithms and applications[C]// Proceedings of the Second International Conference on Knowledge Discovery and Data Mining. Portland, Oregon: AAAI Press(distributed by MIT Press), 1996: 267-270.

[12] Aggarwal C C, Hinneburg A, Keim D A. On the surprising behavior of distance metrics in high dimensional space[C]//International Conference on Database Theory. Berlin, Heidelberg: Springer, 2001: 420-434.

[13] Hamerly G. Making k-means even faster[C]//Proceedings of the 2010 SIAM International Conference on Data Mining. Society for Industrial and Applied Mathematics, 2010: 130-140.

[14] Drake J, Hamerly G. Accelerated k-means with adaptive distance bounds[C]//Proceedings of 5th NIPS Workshop on Optimization for Machine Learning, Lake Tahoe, 2012: 42-53.

[15] Huang C M, Bi Q, Stiles G S, et al. Fast full search equivalent encoding algorithms for image compression using vector quantization[J]. IEEE Transactions on Image Processing, 1992, 1(3): 413-416.

[16] Ding Y, Zhao Y, Shen X, et al. Yinyang k-means: a drop-in replacement of the classic k-means with consistent speedup[C]//Proceedings of the 32nd International Conference on Machine Learning, Lille, France, 2015: 579-587.

[17] Czumaj A, Sohler C. Sublinear-time approximation algorithms for clustering via random sampling[J]. Random Structures and Algorithms, 2007, 30(1/2): 226-256.

[18] Sculley D. Web-scale k-means clustering[C]//Proceedings of the 19th International Conference on World Wide Web, 2010: 1177-1178.

[19] Philbin J, Chum O, Isard M, et al. Object retrieval with large vocabularies and fast spatial matching[C]//Computer Vision and Pattern Recognition, 2007: 1-8.

[20] Guha S, Rastogi R, Shim K. CURE: an efficient clustering algorithm for large databases[J]. ACM Sigmod Record, 1998, 27(2): 73-84.

[21] Wang J, Wang J, Ke Q, et al. Fast approximate k-means via cluster closures[M]//Multimedia Data Mining and Analytics. Cham: Springer, 2015: 373-395.

[22] Low Y, Gonzalez J E, Kyrola A, et al. Graphlab: a new framework for parallel machine learning[J]. arXiv preprint arXiv: 1408. 2041, 2014.

[23] OpenCV. URL. (2004-10-01)[2005-04-15]. http: //opencv.org/.

[24] Curtin R R, Cline J R, Slagle N P, et al. MLPACK: a scalable C++ machine learning library[J]. Journal of Machine Learning Research, 2013, 14(Mar): 801-805.

[25] Newling J, Fleuret F. Fast k-means with accurate bounds[C]//Proceedings of the 33rd International Conference on Machine Learning, New York, 2016: 936-944.

[26] Kanungo T, Mount D M, Netanyahu N S, et al. A local search approximation algorithm for k-means clustering[J]. Computational Geometry, 2004, 28(2/3): 89-112.

[27] Newling J, Fleuret F. Nested mini-batch k-means[C]//Proceedings of Advances in Neural Information Processing Systems, Barcelona, 2016: 1352-1360.

[28] Mairal J, Bach F, Ponce J, et al. Online dictionary learning for sparse coding[C]//Proceedings of the 26th Annual International Conference on Machine Learning, 2009: 689-696.

[29] Celebi M E, Kingravi H A, Vela P A. A comparative study of efficient initialization methods for the k-means clustering algorithm[J]. Expert Systems With Applications, 2013, 40(1): 200-210.

[30] Tang C, Monteleoni C. Convergence rate of stochastic k-means[J]. arXiv preprint arXiv: 1610. 04900, 2016.

[31] Cai X, Nie F, Huang H. Multi-view k-means clustering on big data[C]//IJCAI, 2013: 2598-2604.

[32] Du L, Zhou P, Shi L, et al. Robust multiple kernel k-means using L21-Norm[C]//IJCAI, 2015: 3476-3482.

[33] Liu X, Dou Y, Yin J, et al. Multiple kernel k-means clustering with matrix-induced regularization[C]//Proceedings of Association for the Advancement of Artificial Intelligence, 2016: 1888-1894.

[34] Liu X, Li M, Wang L, et al. Multiple kernel k-means with incomplete kernels[C]//Proceedings of Association for the Advancement of Artificial Intelligence, 2017: 2259-2265.

[35] Still S, Bialek W, Bottou L. Geometric clustering using the information bottleneck method[C]//Advances in Neural Information Processing Systems, 2004: 1165-1172.

[36] Forero P A, Kekatos V, Giannakis G B. Robust clustering using outlier-sparsity regularization[J]. IEEE Transactions on Signal Processing, 2012, 60(8): 4163-4177.

[37] García-Escudero L Á, Gordaliza A. Robustness properties of k means and trimmed k means[J]. Journal of the American Statistical Association, 1999, 94(447): 956-969.

[38] Georgogiannis A. Robust k-means: a theoretical revisit[C]//Advances in Neural Information Processing Systems, 2016: 2891-2899.

[39] Ji Z X, Sun Q S, Xia D S. A modified possibilistic fuzzy c-means clustering algorithm for bias field estimation and segmentation of brain MR image[J]. Computerized Medical Imaging and Graphics, 2011, 35(5): 383-397.

[40] Zhao F, Jiao L, Liu H. Fuzzy c-means clustering with non local spatial information for noisy image segmentation[J]. Frontiers of Computer Science in China, 2011, 5(1): 45-56.

[41] Ji Z, Xia Y, Chen Q, et al. Fuzzy c-means clustering with weighted image patch for image segmentation[J]. Applied Soft Computing, 2012, 12(6): 1659-1667.

[42] Wang Z, Song Q, Soh Y C, et al. An adaptive spatial information-theoretic fuzzy clustering algorithm for image segmentation[J]. Computer Vision and Image Understanding, 2013, 117(10): 1412-1420.

[43] Xu J, Han J, Xiong K, et al. Robust and sparse fuzzy k-means clustering[C]//IJCAI, 2016: 2224-2230.

[44] Kondo Y, Salibian-Barrera M, Zamar R. RSKC: an R package for a robust and sparse k-means clustering algorithm[J]. Journal of Statistical Software, Articles, 2016, 72(5): 1-26.

[45] Witten D M, Tibshirani R. A framework for feature selection in clustering[J]. Journal of the American Statistical Association, 2010, 105(490): 713-726.

[46] Gordon A D. 359. Note: classification in the presence of constraints[J]. Biometrics, 1973, 1: 821-827.

[47] DeSarbo W S, Carroll J D, Clark L A, et al. Synthesized clustering: a method for amalgamating alternative clustering bases with differential weighting of variables[J]. Psychometrika, 1984, 49(1): 57-78.

[48] Wagstaff K, Cardie C, Rogers S, et al. Constrained k-means clustering with background knowledge[C]//Proceedings of the 18th International Conference on Machine Learning, 2001: 577-584.

[49] Ng R T, Han J. Efficient and effective clustering methods for spatial data mining[C]// Proceedings of the 20th International Conference on Very Large Databases. San Francisco, CA: Morgan Kaufmann, 1994: 144-155.

[50] Carmignani M, Genco A, Lombardo A, et al. Quadratic and linear systolicsolutions for cluster analysis[M]//Diday E, eds. Data Analysis and Informatics. Amsterdam: Elsevier Science Ltd, 1988: 373-380.

[51] Maitra R. Clustering massive datasets with application in software metrics and tomography[J]. Technometrics, 2001, 43(3): 336-346.

[52] Zhao W, Ma H, He Q. Parallel k-means clustering based on mapreduce[C]//IEEE International Conference on Cloud Computing. Berlin, Heidelberg: Springer, 2009: 674-679.

[53] Leiva L A, Vidal E. Warped k-means: an algorithm to cluster sequentially-distributed data[J]. Information Sciences, 2013, 237: 196-210.

[54] Naldi M C, Campello R J G B. Evolutionary k-means for distributed data sets[J]. Neurocomputing, 2014, 127: 30-42.

[55] Balcan M F F, Ehrlich S, Liang Y. Distributed k-means and k-median clustering on general topologies[C]// Advances in Neural Information Processing Systems, 2013: 1995-2003.

[56] Ding H, Liu Y, Huang L, et al. K-means clustering with distributed dimensions[C]// International Conference on Machine Learning, 2016: 1339-1348.

[57] Boutsidis C, Zouzias A, Mahoney M W, et al. Randomized dimensionality reduction for k-means clustering[J]. IEEE Transactions on Information Theory, 2015, 61(2): 1045-1062.

[58] Cohen M B, Elder S, Musco C, et al. Dimensionality reduction for k-means clustering and low rank approximation[C]//Proceedings of the Forty-Seventh Annual ACM Symposium on Theory of Computing, 2015: 163-172.

[59] Vaidya J, Clifton C. Privacy-preserving k-means clustering over vertically partitioned data[C]//Proceedings of the Ninth ACM SIGKDD International Conference on Knowledge Discovery and Data Mining, 2003: 206-215.

[60] Jagannathan G, Wright R N. Privacy-preserving distributed k-means clustering over arbitrarily partitioned data[C]//Proceedings of the Eleventh ACM SIGKDD International Conference on Knowledge Discovery and Data Mining, 2005: 593-599.

[61] Doganay M C, Pedersen T B, Saygin Y, et al. Distributed privacy preserving k-means clustering with additive secret sharing[C]//Proceedings of the 2008 International Workshop on Privacy and Anonymity in Information Society, 2008: 3-11.